GENTLE RUNNING

Wim Luijpers · Rudolf Nagiller

GENTLE RUNNING

Leichter Laufen
Besser Atmen
Schöner Leben

Laufen nach Feldenkrais

Rowohlt Taschenbuch Verlag

Lektorat Bernd Gottwald

Veröffentlicht im Rowohlt Taschenbuch Verlag GmbH, Reinbek bei Hamburg, Mai 2003

| Umschlaggestaltung any.way, Barbara Hanke (Foto: Der Feldenkrais-Lehrer und Lauftrainer Willem "Wim" Luijpers / J. P. Fankhauser, Hintertux) | Satz Meta PostScript
Gesamtherstellung Clausen & Bosse, Leck | Printed in Germany
ISBN 3 499 61043 4

Die Schreibweise entspricht den Regeln der neuen Rechtschreibung.

GENTLE RUNNING in zwei fünfzig

Das leichte Laufen beginnt im Kopf. Es bewegt zuerst dein Becken und mit diesem deine Schultern, gleitet dann durch die Arme, Hände und Beine, bis es in den Füßen endet.

GENTLE RUNNING in zwei fünfzig?

Ja, dieses erste Kapitel dauert zwei fünfzig. So lange brauchst du, bis du die folgenden Zeilen, die dich auf alles Weitere einstimmen sollen, gelesen haben wirst. Ein Spiel natürlich: Dies ist nämlich einer der ganz wenigen Fälle, in denen wir in diesem Buch die Welt der Meter und Sekunden bemühen.
Womit wir schon bei etwas sehr Wichtigem sind: GENTLE RUNNING hat nichts mit Kilometern, Stoppuhren und Rundenzeiten zu tun. Es will dich vielmehr darauf hinweisen, dass Laufen ein Urbedürfnis des Menschen befriedigt. In unserer heutigen Sitzwelt ist uns das gar nicht mehr bewusst. Nach einer bewegungsreichen Kindheit werden wir mehr und mehr zum Sitzfleisch. So manches, woran wir leiden, körperlich und mental, hängt damit zusammen. Doch der Mensch ist ein Lauf- und Bewegungstier. Bewegung ist genauso wichtig wie Essen, Trinken, Schlafen, Sex und noch ein paar andere fundamentale Lebensäußerungen. Durch Jahrmillionen liefen unsere Vorfahren, um zu leben und zu überleben; seit ein paar hundert Jahren allerdings nicht mehr.
Daran knüpft GENTLE RUNNING an. Es ist eine Weiterentwicklung der Erkenntnisse, die der Wissenschaftler Moshe Feldenkrais über das menschliche Bewegungsverhalten gewonnen hat.

GENTLE RUNNING heißt Wohlbefinden

Wenn es dir gut geht, ist das eine ganzheitliche Befindlichkeit: Körper, Geist und Seele fühlen sich wohl. Das wird durch GENTLE RUNNING unterstützt. Wohlbefinden ist das eigentliche Ziel. Gesundheit, Fitness, Abnehmen, Stressabbau und vieles andere können weitere angenehme Folgen davon sein, sollten aber nicht direkt angesteuert werden; das würde nur zu Verspannungen und Enttäuschungen führen.

Aus zwei Quellen kommt das Wohlbefinden bei GENTLE RUNNING: Einmal aus der Harmonie der Bewegung, also dem natürlichen Zusammenwirken vieler Körperteile, und das ohne besonderen Krafteinsatz und ganz ohne Leistungsdruck. Und zum anderen aus der tiefen Atmung durch die Nase und mit der ganzen Lunge. Eine ganzkörperliche Bewegung ohne Druck und mit viel Sauerstoff, das ist GENTLE RUNNING. Etwas sehr Gescheites und gar nichts Geheimnisvolles, schon gar nichts Esoterisch-Okkultes. Aber auch kein schematisches Regelwerk, das auswendig gelernt werden muss und für alle gleich gilt, sondern eine tausendfach erprobte Entdeckungsreise zu sich selbst.

GENTLE RUNNING ist einfach

Seine Formel lautet: 3 + 1. Drei einfache Bewegungen plus das Atmen durch die Nase machen GENTLE RUNNING aus. Entscheidend sind nicht die Beine, sondern das Becken und die Schwerkraft. Rollende Drehbewegungen des Beckens lassen den Läufer nach vorn gleiten. Die Körpermitte mit ihren starken Knochen, Gelenken und Muskeln ist das Kraftzentrum, von dem aus gelaufen wird. Von hier aus, und nicht von den Beinen aus, wird der ganze Körper harmonisch bewegt – so, wie wir es einmal als kleine Kinder getan haben. Auch das Atmen durch die Nase war uns damals selbstverständlich; wir konnten gar nicht durch den Mund atmen. Später haben wir die natürliche Bewegung aus vielerlei Gründen verlernt – und das Atmen durch die Nase jedenfalls teilweise; zum Beispiel, wenn wir laufen.

Bei GENTLE RUNNING wird beides wieder entdeckt: durch das sinnliche Begreifen unserer Bewegungs- und Atemmechanik, durch Ausprobieren Schritt für Schritt und durch das allmähliche Umprogrammieren des Kopfes, in dem unsere alten Bewegungsmuster tief abgespeichert sind. Aber das alles immer im Einklang mit dem inneren Wollen des Körpers. Nichts wird ihm aufgezwungen, er wird nicht unter Leistungsdruck gesetzt, er hat immer Recht.

So zu laufen ist nach einiger Umgewöhnung leicht und mühelos, und es wird dich mit Lebensqualität belohnen. Ganz gleich, ob du Anfänger bist oder schon einige Zeit läufst, ob du viel laufen willst oder wenig, ob du das Grüne bevorzugst oder die Stadt oder den Marathon, ob du jung bist oder alt, dick oder dünn, beweglich oder eingerostet: GENTLE RUNNING passt für dich, wenn du für dein Wohlbefinden, also für dich selbst, laufen willst. Was allein du einzubringen hast, ist dein Wille und etwas Zeit. Ein paar Mal in der Woche, aber lieber öfter und kürzer als weniger oft und länger. Am besten am Morgen oder am frühen Abend. Und so, dass du nicht von einem Folgetermin unter Druck gesetzt wirst. Dann ist GENTLE RUNNING für dich eine gute Wahl. In ein paar Monaten wirst du es an Körper, Geist und Seele spüren. „Jeder ist ein potenziell perfekter Läufer; er weiß nur nicht, wie er es werden soll“, sagte einmal Professor Feldenkrais. GENTLE RUNNING hilft dir dabei.

GENTLE RUNNING ist eine gute Wahl

Feldenkrais? Wer oder was ist das?

Wir handeln ständig nach unseren verinnerlichten Gewohnheiten. „Ich esse, gehe, spreche, denke, beobachte, liebe nach der Art, wie ich mich empfinde ... also nach meinem Ich-Bild.“ So beginnt das Buch *Bewusstheit durch Bewegung* von Moshe Feldenkrais. Das ist die Ausgangsidee der Feldenkrais-Methode, aus der Wim Luijpers GENTLE RUNNING entwickelt hat. Und die Folge-Idee lautet: Wenn wir besser leben wollen, müssen wir diese Gewohnheiten immer wieder in Frage stellen und anderes ausprobieren, um Besseres zu finden.
Moshe Feldenkrais wurde vor hundert Jahren in Russland geboren. Er studierte in Frankreich Physik und Elektrotechnik. Eine schwere Knieverletzung brachte ihn dazu, an sich selbst zu experimentieren. Dabei stützte er sich auf sein physikalisch-technisches Wissen und auf praktische Erfahrungen mit Judo. Und so entdeckte er, wie eng Denken und Bewegung miteinander verflochten sind, wie sehr unser Körper und die Art, wie wir ihn bewegen, von unserem Kopf abhängen. Eine Veränderung muss daher, will sie erfolgreich sein, hier ansetzen.

Aber wie bricht man tief verwurzelte Gewohnheiten im Kopf auf? Laut Feldenkrais nicht durch fremdes Wissen, und sei dieses noch so fundiert, sondern nur durch eigenes Entdecken. „Ich lehre nicht“, sagte er, „aber ihr lernt.“ Ein Feldenkrais-Lehrer belehrt folgerichtig nicht über das richtige und das falsche Bewegen. Vielmehr hilft er dem Menschen, selbst zu erkennen, wie er sich bewegt. Das ist die erste Lernstufe.
Auf der zweiten unterstützt er dann den Menschen, neue Möglichkeiten zu erproben, bis er auf eine stößt, die leichter geht. Und die leichteste ist dann wohl

auch die beste. Wenn diese gefunden ist, geht es nur noch darum, dass der Mensch durch ständige Wiederholung des Besseren seinen Kopf neu konditioniert.
Die Feldenkrais-Methode ist auf viele Lebensäußerungen anwendbar. Nicht nur auf das Laufen, aber auch auf dieses, hilft sie uns doch, unser entschwundenes Kinderwissen vom leichten Laufen wieder zu finden. Unter dem Einfluss unserer Sitz- und Leistungskultur haben wir es vergessen.
Feldenkrais setzte sich auch persönlich mit den Läufern auseinander. Er war ein temperamentvoller Mann, und so nannte er sie einmal „die größten Idioten der Welt. Ohne einen Schimmer vom richtigen Bewegen hauen sie sich auf die Straße und trainieren ihre schlechten Laufgewohnheiten. So lernen sie es nie." Das war in den fünfziger Jahren. Ob es heute anders ist?
Moshe Feldenkrais starb vor bald zwanzig Jahren. Die weltweit tätige Feldenkrais-Gilde führt und entwickelt sein Vermächtnis weiter (www.feldenkrais.com).

Rudis Tipp

Ein Buch für alle, die sich genauer mit der Feldenkrais-Lehre beschäftigen wollen: Moshe Feldenkrais, **Bewusstheit durch Bewegung – der aufrechte Gang**. Verlag Suhrkamp: Frankfurt/Main 1996. Das Buch kombiniert Theorie und Praxis. Zuerst werden in fünf Kapiteln die Erkenntnisse von Feldenkrais über den Menschen zusammengefasst; letztlich geht es dabei immer um die Verbindung von Körper und Geist. Sodann werden in zwölf praktischen Lektionen Übungen angeboten, die jeder nach seinen Neigungen durcharbeiten kann: Von der richtigen Haltung des Körpers oder einzelner Teile bis zur Wechselwirkung von Denken und Atmen.

Warum laufen? Haben wir das nötig?

„Vogel fliegt, Fisch schwimmt, Mensch lief einmal. Jetzt sitzt er.“
(Frei nach Emil Zatopek, dem legendären tschechischen Wunderläufer)

Damit du fit wirst? Und gesund bleibst?

Für dein Wohlbefinden. Deine Lebensqualität

Ja, natürlich. Aber das Entscheidende ist, du läufst, damit du dich wohl fühlst an Körper, Geist und Seele – du läufst für dein ganzheitliches Wohlbefinden. Wenn du richtig eingelaufen bist, erhöht das Laufen deine Lebensqualität, und es wird schließlich selbst ein Teil davon. Dann läufst du, weil du gern läufst. Du tust es nicht mehr für einen Zweck, sondern um seiner selbst willen.
Alles andere ist nicht das eigentliche Ziel, sondern willkommene Folge des Laufens: Fitness und Gesundheit bis ins Alter können das sein, wenn auch ohne Garantie; schließlich hängt die Gesundheit von verschiedenen Einflüssen ab. Ebenso die Verjüngung deines Körpers; durch das Laufen spürst du ihn wieder. Und der Stressabbau; du wirst zufriedener, ausgeglichener, entspannter. Das Laufen stärkt dein Selbstwertgefühl, es nimmt dir Angst und gibt dir Freiheit. Es schärft deinen Geist und deine Sinne. Laufen schenkt dir ein schöneres Leben.

Wir sind Lauftiere

Bewegung ist Leben. Und Leben ist Bewegung

Laufen ist ein menschliches Urbedürfnis. Wir sind nicht dafür geschaffen, ständig stillzuhalten, wie es die moderne Zivilisation von uns in einem hohen Maß verlangt. Wir haben ein Ruhebedürfnis und ein Bewegungsbedürfnis. Und wenn Letzteres ständig unterdrückt wird, geht es uns so wie bei allen Verdrängungen: Es stellen sich woanders negative Folgen ein, körperliche und mentale; ja, auch mentale: schlechte Laune zum Beispiel, Minderwertigkeitsgefühle oder gar Depressionen. Alle Vorteile, die uns eine bewegungsreiche Lebensweise bringen würde, entgehen uns Sitzmenschen. Und die Schäden unserer chronischen Bewegungslosigkeit erkennen wir gar nicht mehr als solche und versuchen daher, sie vom Arzt kurieren zu lassen, anstatt uns schlicht und einfach zu bewegen.

Viele spüren das heute

Das zeigt sich daran, dass Laufen, ja aktiver Sport überhaupt, in den vergangenen Jahren zu einer Massenbewegung geworden ist. Bei der jüngeren Hälfte der Bevölkerung von Anfang an; bei der älteren, die in jungen Jahren nicht so in Bewegung war, jetzt aber auch. Bei Umfragen in den deutschsprachigen Ländern geben inzwischen zwanzig bis dreißig Prozent der Menschen an, regelmäßig oder fallweise zu laufen. Und es gibt viele, die wandern, Rad fahren, schwimmen, Schi fahren oder Ballspielen nachgehen. Wir können sicher davon ausgehen, dass heute die Hälfte der Bevölkerung zumindest dann und wann in Bewegung ist.

Sitzen war einmal ein Privileg. Jetzt ist es ein Übel, vor allem das Stillsitzen

Wir sind bewegungslose Könige

In den Jahrmillionen seiner Entwicklung war der Mensch meistens in Bewegung. Zuerst als Jäger und Sammler, aber auch später noch einigermaßen als Ackerbauer. Sitzen im heutigen Sinn, nämlich auf Sesseln, war noch vor ein paar hundert Jahren ein Privileg der Herrschenden, der Könige. Von ihren Thronen stammen unsere Stühle ab. Die Normalmenschen waren entweder auf den Beinen oder in der Hocke, oder sie lagen herum; sogar beim Essen, wie auf antiken Vasen zu sehen ist. Heute sitzen wir alle auf Thronsesseln, inzwischen thronen wir sogar die meiste Zeit des Tages. Jetzt sind wir alle Könige, aber arme.

„Sei kein Zappelphilipp!“

Am schlimmsten ist gar nicht das Sitzen an sich, sondern das Stillsitzen. Wir könnten uns auch im Sitzen bewegen, aber das wurde uns schon früh ausgetrieben. „Sitz still!“, ermahnten uns Vater, Mutter, Tanten, Onkel, Lehrer. Und der „Zappelphilipp“ im

Struwwelpeter zeigte uns drastisch, wohin es führte, wenn wir nicht gehorchten. Nach neuesten Untersuchungen sitzen Kinder in deutschen Städten neun Stunden pro Tag: in der Schule, vor dem Fernseher oder Computer und im Auto. Die Folgen sind erschlaffte Muskeln, verkümmerte Knochen und Bänder, später Rückenprobleme zuhauf. Die Wirbelsäule wird nämlich durch das Stillsitzen nicht etwa geschont, sondern einseitig belastet und verkrümmt.

Schon im alten Griechenland

Aber unsere Vorstellungen vom Lebensstil verändern sich

Ja, damals, also immerhin in einer unserer ideellen Leitkulturen, gehörte die körperliche Bewegung ganz selbstverständlich zum Lebensstil. Sie war gleichrangig mit dem geistigen und dem musischen Leben. Die Gymnasien waren Wandelhallen, in denen Körper, Geist und Seele zu ihrem Recht kamen. Offenbar wussten damals die Lehrerphilosophen, dass der Mensch in Bewegung kreativer ist als der bewegungslos sitzende. In unseren heutigen Gymnasien ist Bewegung zu einem unwichtigen Anhängsel geworden.

Neue Leitbilder

Doch es scheint sich etwas zu ändern. Körperkult ist angesagt; so nennen es die Medien. Jedenfalls wird Sportbetreiben, das Sichbewegen, wieder selbstverständlicher, ja mehr und mehr zu einer gesellschaftlichen Norm, Teil eines neuen Leitbildes vom Menschen. Wer sich bewegt, kommt rascher vorwärts. Nicht nur beim Laufen, auch im Leben. Noch vor ein paar Jahrzehnten war der Bauch ein Statussymbol des erfolgreichen Mannes. Heute gilt schon fast das Gegenteil. Von den Erfolgreichen wird erwartet, dass sie fit sind und das auch ausstrahlen.

Von der Managerkrankheit zur Managerfitness

Früher hieß der Herzinfarkt im Volksmund Managerkrankheit. Das ist vorbei, die Krankheit hat ihre Zielgruppe gewechselt. Manager wollen und müssen jetzt fit sein. Sie gelten dann als dynamischer, ideenreicher und entscheidungsfreudiger. Solchen Führungskräften wird mehr Arbeitslust nachgesagt und die Fähigkeit, mit Stress,

Konflikten und auch Niederlagen besser zurechtzukommen, gelassener zu sein und weniger krank. Das sind jedenfalls Vorstellungen, wie sie bei den Personalchefs eingezogen sind. Nicht immer wird sich die Wirklichkeit danach richten. Schließlich spielt ja auch anderes eine Rolle. Aber etwas wird schon dran sein, dass Laufen oder Radfahren das Durchhaltevermögen schulen und Mannschaftssportarten den Teamgeist.

Warum also Laufen? ···› Antworten, Antworten, Antworten ...

Indische Antworten

Fragen wir zuerst Weise einer ganz anderen Kultur, warum unser Körper Bewegung braucht. Um ihn zu verjüngen, sagen sie in Indien. Um Unrast abzubauen, um unseren Geist zu schärfen und um das so wichtige und in unserer westlichen Kultur unterschätzte Zusammenspiel von Körper, Geist und Seele zu fördern. Voraussetzung ist allerdings, sagen die indischen Weisen, dass du maßvoll läufst, ohne deinen Körper unter Druck zu setzen. Alles, was uns Menschen gegeben ist, können wir nämlich so oder so einsetzen.

Antworten aus Wims Laufseminaren

Als Ausgleich zum Sitzen; um abzunehmen, Kondition aufzubauen, fit zu werden und gesund zu bleiben; um die Bronchien oder das Asthma zu kurieren; wegen des hohen Blutdrucks; gegen Depressionen; um Angst und Stress abzubauen, das Wohlbefinden zu erhöhen; um den eigenen Körper besser kennen zu lernen, ihn stärker zu spüren; um fit ins Alter zu schreiten; aus innerer Befriedigung; um auf andere Gedanken zu kommen; das Spirituelle am Laufen suchen.
Und warum dann gerade Laufen, es gäbe ja auch andere Möglichkeiten?
Weil Laufen einfach ist. Es ist überall und jederzeit möglich; die Ausrüstung ist billig und leicht; sie kann überallhin mitgenommen werden. Weil mein Partner auch läuft ... Alles Antworten von Seminarteilnehmern. Viel Richtiges wird da gesagt. Aber es gibt noch mehr.

Für die Gesundheit

Alle möglichen Vorteile werden der Körperbewegung attestiert, nicht als Wundermittel, sondern als Hilfe. Bewegung stärkt Herz und Gefäße, regt den Stoffwechsel an, beeinflusst verschiedene Körpersäfte und Substanzen zum Guten, und man sagt ihr Krebs vorbeugende Wirkungen nach. Laufen hilft gegen hohen Blutdruck und bei Verdauungsbeschwerden. Es regt die Haut an und verhilft den Fußsohlen zu einer dauernden Reflexzonenmassage. Durch die Bewegung vibrierst du, dein Körper wird gerüttelt und gelockert, die inneren Organe werden massiert. Das tut ihnen gut.
Laufen hilft schließlich gegen Stress und bei psychosomatischen Beschwerden. Du nimmst mehr Sauerstoff auf, und durch den Abtransport von Schadstoffen reinigst du dich von innen heraus.

Zur Reinigung

Das klingt esoterisch, ist es aber nicht. GENTLE RUNNING hat nichts mit Esoterik zu tun. Aber es ist einfach wahr, dass mehr Sauerstoff den Abtransport von Schadstoffen durch das Blut fördert. Und dass das Lymphsystem, also die Kanalisation des Körpers, durch das tiefe Atmen beim Laufen zur Arbeit angeregt wird. Und schließlich entgiftet auch noch der Schweiß, das Kühlwasser, deinen Körper.
Das ist die innere Reinigung. Die äußere leistet die Dusche nach dem Laufen. Kaum jemals wirst du eine Dusche oder auch ein Vollbad so genießen können wie nach einer Laufstunde.

Für Geist und Seele

Bewegung ist ein sinnliches Vergnügen nach innen und nach außen. Du erfährst deinen Körper, und du siehst in deiner Laufumgebung mehr, klarer und schärfer als sonst. Du wirst sogar kreativer und kannst besser denken. Dein Selbstwertgefühl, dein Selbstbewusstsein und Selbstvertrauen werden unterstützt. Du passt besser auf dich und deinen Körper auf. Und durch die ständige öffentliche Darstellung lernst du, dich zu exponieren, nicht feig zu sein, anders zu sein. Du hast mehr Lust am Leben. Das teilst du ganz unbewusst, einfach durch deine Ausstrahlung, auch anderen Menschen mit. Dein Charisma wird stärker.

Laufen macht frei

Nicht frei von wertvollen Bindungen, vielmehr frei von unsinnigen Ängsten, frei von der Konzentration auf Unwichtiges. Es kann dir die Kraft geben, dich auf das Jetzt einzulassen, dieses zu genießen und nicht ständig, wenn du da bist, schon wieder dort sein zu wollen. In diesen Gedanken stecken fernöstliche Weisheiten. Der Osten hat bei der körperlichen Bewegung immer schon mehr Wert auf das Geistig-Seelische gelegt, auf Wachheit und Bewusstheit durch Bewegung und auf die Geschmeidigkeit der Bewegungsabläufe. Der Westen setzt vor allem auf Kondition und körperliche Gesundheit.

GENTLE RUNNING versucht, beide Pole miteinander zu verbinden.

„Klar, Laufen ist gesund. Aber es soll auch unseren Geist schärfen und uns kreativer machen? Schwer zu glauben!?“

Frage an GENTLE RUNNING

Ja, das ist schon überraschend, weil wir, wenn wir über die Vorteile des Laufens nachdenken, Körper und Geist zu sehr voneinander trennen. Viele Läufer wissen aber aus eigener Erfahrung, dass da etwas dran ist. Beim Laufen hast du nach einiger Zeit weniger Denkblockaden. Du kannst besser wahrnehmen und tiefer fühlen. Dadurch entwickelst du neue Ideen, die dir sonst nicht so leicht einfallen.

Beim Laufen werden über das Gehirn viele Muskeln bewegt. Davon sind, wiederum nach einiger Zeit, nicht nur die entsprechenden motorischen Regionen des Gehirns betroffen, sagt Feldenkrais, sondern auch jene, die für Sinnesempfindungen, Gefühle und das Denken zuständig sind, ganz besonders die Zentren des assoziativen Denkens. Das sind jene, die uns die guten Ideen liefern. Sie liegen neben den motorischen, oft nur fünfzig bis hundert Gehirnzellen von diesen entfernt, und sie werden offenbar mit stimuliert.

Beim Stillsitzen wird dir viel weniger einfallen, und noch weniger beim Stehen. In der Habtachtstellung kann man bekanntlich nicht denken.

Rudis Tipp

Sightjogging

Sightseeing kann langweilig sein. Niemals hätte ich mich spazierend durch den alten und auf den ersten Blick öden Triester Hafen bewegt. Aber meine zwei Morgenläufe zwischen den vergammelten Lagerhäusern werde ich nicht vergessen.

Sightjogging ist großartig. Das muss mit der wachen Beschwingtheit zu tun haben, die man beim entspannten Laufen entwickelt. Wenn ich durch eine fremde Stadt laufe, sehe ich alles deutlicher; die Wissenschaft sagt, wenn es dem Körper gut geht, funktioniert auch das Auge besser. Auch entwickle ich beim Sightjogging eine innere Zwiesprache mit der Umgebung. Die Leute spüren das offenbar. Viele, die mich als Spaziergänger nicht beachten würden, schauen mich an und schenken mir ein Lächeln oder winken mir zu. Und alle diese Eindrücke bleiben auch viel besser in meinem Gedächtnis.

In Amerika bin ich schon so gerannt, in Asien und natürlich in europäischen Städten.

Es ist nie zu spät ⋯>

Jeder kann es

Wenn gesundheitlich nichts dagegenspricht, kann jeder praktisch in jedem Alter beginnen. Solltest du schon älter sein und dich früher nicht bewegt haben, kannst du sogar die Folgen dieses unvorteilhaften Lebenswandels teilweise rückgängig machen. Natürlich ist es das Beste, in jungen Jahren aktiv zu sein und dann das ganze Leben in Bewegung zu bleiben. Aber schon das Zweitbeste ist es, wenn du in jungen Jahren nichts getan hast, später dennoch zu beginnen. Am zweitschlechtesten ist jemand dran, der als Junger Sport betrieben hat und später nichts mehr tut; denn Fitness auf Vorrat gibt es nicht. Und am schlechtesten ist es natürlich, in keiner Lebensphase etwas zu tun.

Reifere Jahrgänge besonders

Menschen, die später zu laufen beginnen, tun das oft überlegter als Junge – und konsequenter. Es gibt viele erfolgreiche Seniorenläufer, die sehr gut unterwegs sind, aber in jungen Jahren außer vielleicht ein wenig Schulsport nichts gemacht haben. Natürlich ist in diesem Alter zu berücksichtigen, dass der Körper, die Knochen, die Muskeln und Sehnen nicht mehr zwanzig sind. Auch der Stoffwechsel ist langsamer und das Herz weniger belastbar. Aber wenn du dich nicht antreibst, reguliert sich das von selbst. So kannst du auch als Senior nach einiger Zeit einen körperlichen Status erreichen, als ob du zehn oder zwanzig Jahre jünger wärst. Dein Herz und auch deine Beinmuskulatur, die sich ja in diesem Alter zurückbildet, werden es dir danken. Ganz abgesehen von der neuen Lebensfreude, die das Laufen gerade auch Senioren geben kann.

Jim Fixx

Aber keine neue Religion

Alles kann übertrieben werden, natürlich auch das Laufen. Dafür gibt es berühmte Beispiele.
Vielleicht ist dir Jim Fixx ein Begriff, der amerikanische Laufguru der siebziger Jahre, Autor mehrerer Bestseller über das Laufen. 1984 brach Fixx nach einem Lauf über fünfzehn Kilometer zusammen und starb. Er war Anfang fünfzig. Diesen Lauf und vieles andere hätte er nie machen sollen. Es war ein schwüler Tag, Fixx hatte nichts gegessen, er war müde von einer langen Autofahrt. Und er war nicht mehr gesund. Irgendwann hatte er, ursprünglich ein totaler Bewegungsmuffel, das Laufen entdeckt. Es wurde zu seinem Allheilmittel – Fixx wurde ein Besessener. Er betrachtete seinen Körper schließlich nur noch als Maschine, die er mit seinem Willen beherrschte.
Das war Jim Fixx. – Aber das hat nichts mit GENTLE RUNNING zu tun.

Laufen ist auch keine Heilslehre

Es ist nichts Esoterisch-Okkultes, vielmehr etwas ganz Einfaches: die Befriedigung eines Urbedürfnisses. Läufer sollten keine Missionare sein, keine Bewegungsprediger, die andere bekehren wollen. Das mag niemand gern. Jeder muss seinen Weg selbst finden. GENTLE RUNNING bietet einen an, bei dem die Regeln unserer Leistungsgesellschaft nicht übernommen werden. Laufen, ohne sich zu schinden und zu quälen, ohne ständiges Kilometer- und Sekundenzählen, ohne den Wunsch, Sieger über andere oder sich selbst zu sein.

Frage an GENTLE RUNNING

„Man hört immer wieder vom Runner's high. Was soll das sein?"

Eine kniffelige Frage. Manche sagen, der Körper erzeuge beim Laufen irgendwelche Glücksstoffe, gemeint sind Endorphine, und diese versetzten den Läufer bei einem längeren Lauf in eine Art Laufrausch. Andere sprechen von Alphawellen im Gehirn, die ähnlich anregend wirken sollen. Wir haben den Eindruck: Nichts Genaues weiß man nicht.

Und wenn es diese körpereigenen Vorgänge gibt, dann sind sie sicher zweischneidig: Sie können zur inneren Schmerzbetäubung eingesetzt werden, sodass du über alles, was nicht gut für dich ist, hinweglaufen kannst. So, als ob du auf der Flucht vor einem Tiger wärst; dafür war das in der Entwicklungsgeschichte des Menschen wohl auch gedacht. Oder sie tragen dich in eine Fröhlichkeit hinein, in eine Mischung von dynamischer Aktivität und gelassener Stille, die du ruhig als Geschenk annehmen kannst. Und dazu gehören eben regelmäßige Bewegung und Sauerstofftanken. Glaub aber bitte nicht, dass sich solche Gefühle erzwingen lassen, womöglich durch noch ein paar Kilometer mehr. Nein, sie sind immer ein Geschenk.

Indianer-Laufen: Die Tarahumaras

Kleine, drahtige Männer aus Mexiko laufen regelmäßig mit und gewinnen ihn auch: den schwierigsten Vierfachmarathon Nordamerikas in den Bergen Colorados. Er führt über zwei Pässe bis auf dreitausend Meter hinauf. Die Sieger brauchen als Einzige keine Gehpausen. Und das ohne besonderes Training, und obwohl sie keine tollen Rennschuhe tragen, sondern Sandalen aus alten Autoreifen, ein paar Lederriemen und Nägeln. Und statt in Laufkleidung treten sie in der farbenfrohen Alltagstracht ihres Stammes an. Tarahumaras nennen sie die Mexikaner, nach dem unzugänglichen, rauen Gebirge im Norden, in dem dieses indianische Volk zurückgezogen lebt, fern von Strom und Straßen.
Ein paar zehntausend Tarahumaras gibt es noch. Viel haben sie nicht. Zum Essen Mais. Und ein wenig Holz, das sie verkaufen können. Aber was sie haben, das ist eine einmalige Laufkultur. Die Tarahumaras laufen wirklich durch ihr Leben: einen halben Tag zum Gelegenheitsjob, einen Tag zum Doktor und drei Tage zur nächsten Straße. Wenn es notwendig ist, zweihundertfünfzig Kilometer ohne Pause oder fünfhundert mit zwanzig Kilogramm Post auf dem Buckel. Oder sie laufen so lange hinter einem Hirsch her, bis dieser erschöpft zur leichten Beute wird. Und manchmal spielt ein ganzes Dorf Fußball: drei Tage nonstop.
1928 wurden zwei Tarahumaras zum olympischen Marathon vermittelt. Sie gewannen ihn nicht. Die Indianer hatten sich nicht vorstellen können, dass ein so gepriesener Lauf nach einem halben Nachmittag zu Ende sein sollte. Und für die zweiundvierzig Kilometer hatten sie kein Gefühl. Distanzen messen sie in Laufzeiten.
In Konkurrenz zu anderen zu laufen, ist ihnen außerdem fremd. Entsprechende Missverständnisse gab es am Anfang in Colorado. Beim ersten Mal hörten sie vorzeitig auf, weil sie kein Wasser hatten. Die Versorgungsstationen an der Strecke hatten sie nicht auf sich bezogen. Und das Startgeld wollen sie auch nie zahlen, laufen aber zum Ärger der Veranstalter einfach mit. Sie brauchen die Geldpreise für ihre Familien. Die Älteren sind regelmäßig über fünfzig. Das gestehen diese aber höchstens nachher ein, weil sie schon erlebt haben, dass der verantwortliche Arzt ihre Teilnahme untersagte. Auch der Versuch einer Weltmarkenfirma, die Indianer in ihren Schuhen laufen zu lassen, ging schief. Nach zwanzig Kilometern warfen sie die Schuhe weg und stiegen auf ihre Sandalen um.
Die Tarahumaras laufen so viel, wie wir sitzen. Raramuris nennen sie sich in ihrer Sprache: Fußläufer.

Du läufst mit deinem Kopf

Er diktiert deine Einstellung zum Laufen, und er steuert deine Laufbewegungen. Meistens ist er ziemlich dumm. Er ist dem GENTLE RUNNING im Weg, aber er muss nicht weg. Wir müssen ihn halt neu konditionieren.

Eine Studie aus einem Seminar von Wim

So täuscht man sich

Fast nur hochsportive Typen, schlanke und durchtrainierte Männer und Frauen zwischen zwanzig und fünfzig, leistungshungrige Marathonvorbereiter – Trainingspläne, Laktattests, neueste Pulsmesser, tolles Outfit. Eigentlich nicht typisch für die Seminare, aber diesmal war in einer Laufzeitschrift inseriert worden.
Nur ein einziger anderer hatte sich in die Gruppe verirrt: ein Mann Mitte vierzig, ein nicht trainierter, gemütlicher Dicker im Schlabberlook, mit einem Schal um den Hals und in alten Tennisschuhen. Er wollte bloß ein bisschen Bewegung machen, hatte keine Ahnung von der Welt des Laufens. Aber ausgerechnet er war es, der von Anfang an ganz gut gelaufen ist: entspannt, mit Vorlage, rollend, fröhlich. Die anderen haben sich sehr angestrengt, sie waren zwar viel schneller, aber sie sind nicht wirklich gut gelaufen. Ihr Problem war, sie sind nur auf Leistung aus gewesen. Dadurch legten sie sich einen mühevollen und harten Laufstil zu.
Wir tun uns alle schwer, beim Laufen Schnelligkeit und Mühelosigkeit miteinander zu verbinden. Die Afrikaner können das, weil Laufen ein wichtiger Teil ihrer Lebenskultur ist. Sie sind selbst dann entspannt, wenn sie schnell laufen. Wir jedoch nicht.

Überall Leistungsdruck

Erster Irrtum im Kopf: Laufen ist Leistung und muss anstrengend sein

Wer schon im Beruf, womöglich in Konkurrenz zu anderen, immer leisten und sich entsprechend unter Druck halten muss, neigt dazu, dies beim Laufen fortzusetzen. Dadurch vergrößert er die Nachteile seiner stressigen Lebensweise, und er kann viele Vorteile des Laufens nicht ernten. Manche vielleicht schon, wie den rein organischen Herz-Kreislauf-Nutzen. Entspannen wird er sich aber kaum können. Doch gerade das hätte er dringend nötig.

Das hat der Kopf gelernt

„Körperliche Bewegung ist vor allem dann etwas wert, wenn sie anstrengend ist, wenn ich mich schinde."

Ja, das hat er gelernt, vor allem, wenn es ein Männerkopf ist. Aber das ist Unsinn. Das Allerwichtigste ist, dass du Freude am Laufen hast, dass du es kaum erwarten kannst, die Laufschuhe anzuziehen. Dein Körper ist dein Freund. Er ist so gebaut, dass er sich leicht bewegen kann. Quälen musst du dich nur, wenn du nicht weißt, wie das geht, und wenn du Barrieren im Kopf hast. Und je mehr du dich quälst, desto sicherer wirst du wieder bewegungslos werden; schließlich ist Schmerzvermeidung ein Instinkt, der uns beschützen soll.

Wahrscheinlich ist dieser Leistungsdruck ein Hauptgrund dafür, dass viele Menschen die Bewegung, die ihnen als Kind so viel Freude gemacht hat, irgendwann einstellen. Bewegung wird ihnen zur Last, spätestens in der Schule beim Sportunterricht. So wird Bewegung langweilig, und sie baut Stress auf. Natürliches Bewegen, natürliches Laufen bedeutet aber das Gegenteil: Stress abbauen, den Kopf frei machen und Leichtigkeit üben.

Stehen ist anstrengender

„Das Gefühl von Anstrengung ist kein Maßstab für die tatsächlich geleistete Bewegung, sondern nur für die Art, wie du diese ausgeführt hast", meinte einmal Feldenkrais.

Tatsächlich, Bewegung kann völlig mühelos sein, wenn du den für dich richtigen Weg gefunden hast. Das gilt auch für das Laufen. Nur falsches Bewegen ist anstrengend. Und das Nichtbewegen. Beim bewegungslosen Stehen sind neunzig Prozent der Muskeln und große Teile des Nervensystems ständig damit beschäftigt, zu verhindern, dass du umfällst. Soldaten kennen das. Wenn sie in Reih und Glied strammstehen müssen, fällt immer einer um. Alte Hasen wissen, wie das zu verhindern ist. Sie animieren ihren Kreislauf, indem sie in den Schuhen ständig ihre Zehen bewegen; alles andere müssen die Bedauernswerten ja mühevoll bewegungslos halten. Und auch die Kinder zeigen uns, wie schwer Stehen ist: Bevor sie das können, lernen sie zu laufen, das ist offenbar leichter.

Frage an GENTLE RUNNING

„Moment mal, wenn ich mich gar nicht mehr anstrengen muss, dann ist Laufen für mich aber keine Herausforderung mehr! Sich anstrengen, das ist doch auch schön!?"

Erste Antwort: Da ist was dran

Sich etwas erkämpfen kann auch schön sein. Wer so denkt, für den sind Schmerzen und Erschöpfung leicht ein Gradmesser dafür, wie groß die Leistung ist. Die Vorstellung „Ohne Schweiß kein Preis" sitzt schon tief in unseren Köpfen. Und Menschen, denen alles so mühelos zufliegt, beneiden wir zwar irgendwie, aber gleichzeitig sind sie uns auch suspekt. Ehrlich gesagt, wir haben kein zwingendes Argument, das diese Denkweise mit Nullkommanix aushebelt. Schließlich zählt das, was ein Mensch empfindet. Und wenn er daran Freude hat, sich selbst bei jedem Laufen zu überwinden, dann muss das akzeptiert werden; aus dieser Einstellung sind schon viele große Leistungen erwachsen. GENTLE RUNNING ist das freilich nicht.

Zweite Antwort: Da muss nichts dran sein

Wäre es nicht viel gescheiter und eleganter, die Anstrengung in eine Verbesserung des Laufstils und der Atmung zu investieren, damit du entspannt und lustvoll laufen kannst? Du kannst dann ja auch schnell laufen, wenn du das erreicht hast und schnell sein willst. Nein, du kannst noch viel schneller laufen, bis an deine natürlichen Grenzen, weil du ökonomischer unterwegs bist. Außergewöhnliche Sportler, die olympische Medaillen gewonnen oder Weltrekorde aufgestellt haben, sagen immer wieder, dass es sich geradezu leicht angefühlt habe, so, als ob es nicht ihr eigener Körper gewesen sei. Hätte es sich schwer angefühlt, hätten sie wahrscheinlich nicht so viel erreicht. Menschen, die es sich immer schwer machen, tun das letztlich nur, weil ihr Kopf nicht frei genug ist, ihnen den leichten Weg zu zeigen.

Eine Klarstellung: Nichts gegen Marathon

Wir argumentieren nicht gegen Laufbewerbe

Es geht nur um den inneren Zugang. Die Befriedigung, einen Marathon durchgestanden zu haben, ist etwas Schönes. Doch muss alles im Einklang mit deinen Möglichkeiten sein. GENTLE RUNNING bereitet von seiner Intention her nicht auf Wettbewerbe vor. Aber du kannst natürlich einen Marathon laufen, oder auch eine kürzere Strecke. Du wirst es aber mit GENTLE RUNNING so angehen, dass es dir gut tut. Und es ist irgendwie beruhigend, zu erfahren, dass immer mehr Marathoni langsam unterwegs sind. In den achtziger Jahren blieb jeder Zweite unter 3:30, heute trifft das nur noch auf jeden Vierten zu. Und bei den amerikanischen Marathons gibt es genug Leute, die fünf oder auch sechs Stunden brauchen. Das Ziel steht dann immer noch. GENTLE RUNNING liegt im Trend!

Zweiter Irrtum im Kopf: Zum Laufen sind die Beine da

Auch da ist der Kopf im Weg

Auch wenn du den Leistungsdruck nicht oder nicht mehr in dir hast – dein Kopf wird dir immer noch irgendwie im Weg sein! Er hat nämlich Vorstellungen vom richtigen Laufen angesammelt, die nicht optimal sind. Daher sollte er zusammen mit dir das Laufen neu lernen, so wie es in deinem Körper angelegt ist, nämlich nicht aus den Beinen, sondern aus dem Becken. Dafür genügen einige wenige, aber wichtige Basistechniken, die zum natürlichen Laufen führen.

Das Problem dabei ist weniger, diese Techniken zu verstehen, sondern sie in deinem Kopf, in dem ja deine Laufsteuerung eingebaut

ist, neu zu programmieren; denn die alten Gewohnheiten werden sich wehren.
Damit das läuft, solltest du im Kopf frei werden, frei von den alten, eingefleischten Bewegungsmustern, die deine Möglichkeiten verengen. Das gilt für vieles im Leben, und eben auch für das Laufen. Sag nicht, ich bin so, wenn du nicht so sein willst. Dein eigener Kopf macht dich zu dem, was du bist.

Wie bitte? Das klingt ja nach Brainwashing!

Ist es auch. Und es braucht, wie jedes Brainwashing, schon einige Zeit, bis es greift. Und offen gesagt: Dein Laufen wird zwar müheloser werden, doch der Weg dorthin wird nicht völlig ohne Mühen sein. Aber wir alle sind viel lernfähiger, als wir glauben. „Hab keine Angst vor deinem Unwissen“, sagt Feldenkrais, „sondern vor deinem vermeintlichen Wissen, also deinen Gewohnheiten. Diese schaden dir.“ Du musst ja nicht so weit gehen, zweihundert Meter in weniger als fünfundzwanzig Sekunden laufen zu wollen. Gewiss nicht. Allerdings, ein Mann, der einen Unterschenkel verloren hat und diesen durch eine Metallprothese ersetzen musste, hat das geschafft. Mit seinem Willen und dank Feldenkrais. Wir wollen hier jedoch viel kleinere, wenn auch ebenso wohlschmeckende Brötchen backen.

Abbitte an den Kopf

Noch eine Klarstellung: Wir haben auch nichts gegen den Kopf!

In diesem Buch beschreiben wir den Kopf immer wieder als Hindernis, als Verhinderer, bezeichnen ihn sogar als dumm. Das ist natürlich Unsinn. Wir wollen das Wunderwerk Kopf nicht diffamieren. Alle diese seine Eigenheiten, die uns jetzt im Wege stehen, haben in Wahrheit den Sinn, uns das Leben einfacher zu machen. Schließlich können wir nicht jeden Tag neu Laufen lernen, also brauchen wir Gewohnheiten. Und wenn diese vielleicht nicht die besten sind, kann der Kopf wenig dafür. Wir selbst waren die Täter, ohne uns dessen bewusst zu sein.
Nein, nichts gegen den Kopf. Es geht uns nur darum, dir eindringlich die Erkenntnis zu vermitteln, dass du nicht bei den Muskeln ansetzen solltest, sondern weiter oben.

Zum besseren Verständnis zwischendurch ein wenig Feldenkrais pur

Wenn es um körperliches Training geht, denken viele Menschen an die Verbesserung ihrer Kraft. Das ist die Fähigkeit der Muskeln, Widerstände zu überwinden. Feldenkrais setzt woanders an: bei der Koordination, also dem harmonischen Zusammenwirken aller Körperteile, die für eine Bewegung sinnvoll eingesetzt werden.
Gute Koordination wendet Muskelkraft ökonomisch an, hingegen arbeitet Kraft eben mit Kraft, also letztlich mit Gewalt. Wer kräftiger werden will, trainiert die Struktur der Muskeln, meistens ohne diese in einen Bewegungszusammenhang einzubinden; zum Beispiel an den Kraftmaschinen im Fitnessstudio. Die Verbesserung der Koordination läuft im Gegensatz dazu nicht über ständige Muskelanstrengungen, sondern über den Kopf: Der Körper wird neu entdeckt, dem Gehirn werden dadurch neue und günstigere Informationen über Bewegung geliefert, durch Übungen werden diese gespeichert und die alten Muster zurückgedrängt. Es ist dann weniger Krafteinsatz notwendig, der Körper wird letztlich weniger belastet und abgenützt. Ständiger unökonomischer Krafteinsatz verbraucht ihn.

Begegnung im Zug

Eine schöne Geschichte von Feldenkrais

Für ganz Ungläubige, die immer noch überzeugt sind, sie seien ihr eigener Chef und nicht ihre Gewohnheiten ...
Feldenkrais reiste viel mit dem Zug. Eines Tages saß er im Abteil einem jungen Mann gegenüber, der in einem Buch las, dieses aber verkehrt herum hielt. Es entspann sich folgender Dialog.
Feldenkrais: „Was machen Sie mit dem Buch?“
Der junge Mann: „Das sehen Sie doch, ich lese es.“
Feldenkrais: „Aber Sie halten es doch verkehrt!“
Der junge Mann: „Ja, ich weiß, es gibt studierte Leute wie Sie, die sind sehr klug, aber lesen können sie nur, wenn sie das Buch in eine bestimmte Richtung halten.“
Es stellte sich heraus, der junge Mann war in einem sehr armen Dorf aufgewachsen. Der Lehrer besaß von jedem Buch nur ein Exemplar. In den Lesestunden saßen die Kinder im Halbkreis vor ihm. Er hatte das Buch vor sich liegen und las ihnen daraus vor. Und so lernte der junge Mann Bücher verkehrt mitlesen. Das geht

genauso gut wie nach der üblichen Methode. Aber wenn wir so etwas sehen, halten wir es zunächst für unmöglich, weil sich die Art, wie wir lesen, so sehr in unser Bewusstsein eingebrannt hat, dass alle anderen Möglichkeiten ausgelöscht sind.

So kann er uns behindern

Drei GENTLE RUNNING-Demos: Wir leuchten in deinen Kopf

Verschränke deine Arme, ohne nachzudenken. Beobachte jetzt, wie sich deine Hände zum jeweils anderen Oberarm verhalten: Eine Hand ist auf dem Oberarm und die andere darunter. Nun verschränke die Arme noch einmal, aber wechsle die Position der beiden Hände zu den Oberarmen. Fühlt sich fremd an, nicht? Obwohl es genauso natürlich ist wie die Gewohnheit, die du dir irgendwann einmal zugelegt hast. Diese hat funktioniert, und du hast sie beibehalten; die andere Möglichkeit war keine mehr.
Den gleichen Test kannst du machen, wenn du deine Hände in Betstellung verschränkst; zuerst so, wie du es immer machst, dann anders. Wieder fremd!
Und so ist es mit vielen Bewegungen unseres Körpers – weil wir Gewohnheitstiere sind. Manche dieser Gewohnheiten sind harmlos, wie dieses Arme- oder Händeverschränken. Aber andere können uns auch am besseren Leben hindern. Für unsere Bewegungsgewohnheiten beim Laufen trifft das leider häufig zu.

So kann er uns dumm sterben lassen

Schau dich in deinem Zimmer um und merke dir alles, was rot ist. Schließe jetzt die Augen und zähle alles auf: Nein, nicht was rot ist, sondern alles, was blau ist; und dann grün – und so weiter. Obwohl du alles sehen konntest, wirst du es dabei sehr schwer haben. Dein Kopf hat nur das bemerkt, worauf er konditioniert war. Alle anderen Möglichkeiten hat er fallen gelassen, obwohl sie genauso da waren.

Aber so kann er uns helfen

Steh aufrecht, mit deinen Armen locker am Körper. Nun willst du einen Arm langsam heben. Aber stell dir dabei vor, jemand drückt von oben dagegen. Stell dir das ganz intensiv vor. Dann wird sich

das Heben des Armes plötzlich schwer anfühlen. Wenn du eine gute Vorstellungskraft hast, wirst du ihn kaum über die Schulterhöhe bringen.
Nun stell dir das Gegenteil vor: Um den Arm ist ein Faden gewickelt, der ihn langsam, aber mit Kraft nach oben zieht. So wird das Heben leichter gehen. Daran erkennen wir: Ob uns etwas schwer oder leicht fällt, hängt weitgehend von unserer Einstellung ab. Du kannst das selbst auswählen. Das ist für unser ganzes Leben bedeutsam. Beim Laufenlernen werden wir diese Erkenntnis immer wieder einsetzen. Und auch der Faden wird uns noch öfter begegnen.

Das Lauftier Mensch ist also ein Gewohnheitstier

Seien wir fair zum Kopf

Diese Fähigkeit zur Konzentration auf ein Detail kann uns zwar einengen, auch beim Laufen, allerdings hat sie uns in unserer langen Geschichte auch das Überleben gesichert. Sähen wir immer alles gleichwertig, wären wir schon längst aufgefressen worden – von irgendeinem anderen Lauftier.

Die Macht schlechter Gewohnheiten

Wir bewegen uns und laufen, wie wir es gewohnt sind. Aber leider sind diese Gewohnheiten in unserer Kultur nicht die besten. Nach guten Anfängen in den ersten Lebensjahren begann die Zeit des Stillsitzens, und es wurde uns eingetrichtert, sich langsam und gesittet fortzubewegen. Wenn wir als Erwachsene laufen, tun wir das steif und mit Druck; alles bewegt sich in den gewohnten Geleisen. Das geht dann so weit, dass wir Ungewohntes ablehnen, weil es neu ist und wir es als schlechter empfinden. Wir sind kaum mehr in der Lage, ohne Hilfe von außen neue Zugänge zum Laufen und neue Bewegungsmuster auszuprobieren.

Wir laufen biografisch

Dein Laufstil verrät auch, wie du sonst lebst. Büroleute laufen, wie sie sitzen: gekrümmt also. Passionierte Radfahrer laufen mit steifem Oberkörper; das sind sie gewohnt. Und passionierte Schifahrer laufen aus den Oberschenkeln, so wie auf der Piste. Ganz anders die Schispringer: Sie lassen sich beim Laufen vorfallen, ein guter Laufstil fällt ihnen leicht. Leider gibt es nicht mehr Schispringer.

Immer wieder Neues ausprobieren

Das ist ein Schlüsselwort für GENTLE RUNNING: ausprobieren. Der Volksmund weiß es: Probieren geht über Studieren. Das Bessere suchen. Das Beste annehmen und neu speichern; dieses Buch will dir dabei helfen. Aber dann weitersuchen, nicht wieder auf neuen Gewohnheiten sitzen bleiben. Uns selber ständig neue Möglichkeiten anbieten. Und wenn eine davon leichter geht, also weniger Kraft braucht, und mehr Freude macht, dann ist es die bessere. Laufen zum ewigen Experiment machen. Wir können nur lernen, wenn wir auch das Falsche ausprobieren. Das ist aber das genaue Gegenteil des traditionellen Lernens, bei dem es um das Übernehmen und Kopieren des angeblich Richtigen geht.

Paula, die Ultraläuferin. 1 000 Meilen Grenzenlosigkeit

„Ich kann viel mehr, als es mein Verstand für möglich hält; die Grenzen, die ich immer vor mir sehe, existieren nur im Kopf. Das ist das Schönste, was ich erfahren habe.“ So erzählt Paula, glücklich von New York zurück, wo sie bei einem 1 000-Meilen-Lauf ihre Grenzenlosigkeit erfahren hat.

Eintausendsechshundertundneun Kilometer in vierzehn Tagen, zwölf Stunden, dreiunddreißig Minuten und vierunddreißig Sekunden. Vierzehneinhalb Tage tausend Runden zu je einer Meile in einem „wunderschönen Park“ auf Wards Island, abwechselnd alte Bäume, einen Fluss und die berühmte Skyline Manhattans vor Augen. Laufstart täglich frühmorgens um halb drei und Lauffeierabend eine Stunde vor Mitternacht. Zwei bis drei Stunden Schlaf im eigenen kleinen Zelt, wenn das überhaupt möglich war; in den ersten fünf Tagen geht es gar nicht. Dann wieder weiter. Bei jeder Runde wartet die Freundin mit einem Becher voll Wasser, und dreimal gibt es eine kurze Essenspause, mit Gemüse, Reis und Nudeln, und zum Frühstück Eierspeise. Zwischendurch Schuhe wechseln; zwei Paar hat Paula mit, leichte Laufschuhe. – Keine Massenveranstaltung: Vier Frauen und fünf Männer waren für eintausend

Meilen unterwegs. Einige andere für siebenhundert Meilen und für eintausenddreihundert Meilen, das Maximum.
Paula ist über die Meditation zum Laufen gekommen. Als sie vor Jahren begann, lag die Grenze in ihrem Kopf bei zehn Kilometern, und sie war glücklich, als sie diese erreicht hatte. Aber es ging weiter, und die Grenze wich immer mehr zurück: zuerst auf den Halbmarathon, dann den Marathon, den Ultramarathon, auf den 12-Stunden-Lauf, den 24-Stunden-Lauf, den 48-Stunden-Lauf, schließlich siebenhundert Meilen und jetzt eintausend Meilen.
„Und nach diesen tausend Meilen, Paula, warst du sicher todmüde und hast tagelang nachgeschlafen?"
„Nein, ich bin am letzten Lauftag am Abend in ein Konzert gegangen. Und auch an den folgenden Tagen habe ich ganz normal geschlafen. Ein bisschen müde war ich schon, aber ich habe mich wunderbar erholt gefühlt."
Paula, einundvierzig Jahre alt, die Ultraläuferin. Sie weiß schon, wie's weitergeht: Beim nächsten Mal verschiebt sich die Grenze auf eintausenddreihundert Meilen.

AIR

Aus dem Becken kommt das Leben. Auch das Läuferleben

3 + 1: Das ist die GENTLE RUNNING-Laufformel. Der Dreier steht fürs Vorfallen, Abstoßen, Drehen. Drei Bewegungen, die den ganzen Körper erfassen. Zum + 1 später

Lob der Faulheit

GENTLE RUNNING ist faules Ganzkörperlaufen

Ja, du hast richtig gelesen. GENTLE RUNNING hat etwas mit Faulheit zu tun. Und das kommt uns durchaus entgegen. Wir sind nämlich nicht nur Lauftiere, sondern auch Faultiere, wenn auch durchaus fleißige. Bitte noch etwas Geduld. Ab jetzt nähern wir uns dem GENTLE RUNNING-Bewegungsablauf wie über eine Spirale: von außen nach innen.
Zur Einstimmung eine kunterbunte Aufzählung: GENTLE RUNNING ist faules Laufen mit dem ganzen Körper, mit allen Gliedern, ohne Selbstquälerei. Es ist langsam, leicht und locker; es ist lässig, also loslassend. Mühelos ist es, flüssig, schwingend, tänzelnd und gefühlsbetont. Es kommt von innen heraus: Nicht der Kopf befiehlt, der Bauch steuert. GENTLE RUNNING ist Sich-vorfallen-Lassen, Rollen, Drehen. Dabei sind die wichtigsten Körperteile weder Beine noch Füße, sondern Kopf und Becken. Die Hauptarbeit wird an die Schwerkraft delegiert. Wie bei einem Kind, das Gehen lernt.

Rollen, rollen, rollen

Laufen wie die Kinder

Die wichtigste Bewegung beim GENTLE RUNNING ist das Rollen, also das Drehen im Raum. Und genau damit fangen die Kinder an, wenn sie beginnen, ihren Körper zu bewegen und dann als Nächstes Laufen zu lernen. Ja, Laufen zu lernen. Bevor Kinder gehen

können, haben sie nämlich Laufen gelernt. Weil das offenbar leichter ist. Gehen ist schwerer, weil dabei die Schwerkraft weniger ausgenützt werden kann als beim Laufen. In dieses lassen sich Kinder einfach hineinfallen.

Wir Erwachsenen haben das verlernt. Wir haben uns steif gemacht, und irgendwann ist uns das leichte Laufen abhanden gekommen. Wir laufen mühevoll und unelegant, wir heben mit Kraft die Beine. Ein Kind könnte das gar nicht, weil es noch nicht genug Kraft besitzt. Es läuft ganz natürlich: Die Schwerkraft ausnützend, rollt und dreht und fällt es durch den Raum. Und da es nicht fallen will, kommt es ins Laufen. Je mehr es zu fallen droht, desto schneller läuft es. Und so kann es, nach verschiedenen Versuchen, schon ganz schön schnell rennen. Ja, noch besser: Kinder sind zwar ebenso ehrgeizig wie die Großen, aber sie würden sich nie quälen.

Wenn's wehtut, suchen sie nach anderen Lösungen. Daher bewahren sie sich die Freude am Laufen.
Und noch etwas ist interessant: Das spielerische Lernen der Kinder folgt einem natürlichen Rhythmus, dem Gleichmaß von Bewegung und Ruhe, niemals aber ist es permanente Bewegungslosigkeit. Die wird ihnen erst später, in der Schule, aufgezwungen.

Da sitzen unsere PS

Unser Kraftzentrum: Das Becken

Du hast sicher schon einmal versucht, eine widerspenstige Schraube mit dem Schraubenzieher zu drehen. Wie geht das am besten? Aus dem Handgelenk? Sicher nicht. Nur mit dem ganzen Körper, also letztlich aus dem Becken. Kein Wunder, ist doch das Becken unser größter Knochen, es hat die größten Gelenke, und rundherum sind die stärksten Muskeln. Leider werden diese von den meisten Menschen viel zu wenig eingesetzt; nicht nur beim Laufen oder Gehen, bei allen möglichen Körperbewegungen. Bei GENTLE RUNNING leistet dieses Kraftwerk die Hauptarbeit. Genauer gesagt, die Hauptarbeit, die dir und deinem Körper abverlangt wird; noch mehr leistet nämlich die Schwerkraft.

Die Beine sind es nicht

Mit GENTLE RUNNING haben sie weniger zu tun. Das wäre viel zu mühevoll. Deine Laufkraft kommt aus dem Becken und der Gegenbewegung des Oberkörpers. Diese setzt bei jeder Beckendrehung ganz von selbst ein, weil das Becken und der Oberkörper über die Wirbelsäule ideal miteinander verbunden sind und so eine unglaubliche Kraft entwickeln können; im Grunde eine Hebelwirkung, an deren Ende dann die laufenden Beine pendeln. Diesen bleibt gar nichts anderes übrig, als mitzulaufen. Die Verbindung zwischen Oberkörper und Unterkörper ist der Schlüssel zum guten Laufen. Wenn du jetzt auch noch die Schwerkraft ausnützt, bist du bald ein Meister des GENTLE RUNNING.

Die ⇢ GENTLE RUNNING-Gleichung: Becken x Schwerkraft = leichtes Laufen

Sich vorfallen lassen

Die Schwerkraft zieht uns nach unten. Wir haben schon mit einem Jahr gelernt, dennoch nicht umzufallen. An das erinnern wir uns jetzt wieder. Wir lassen uns mit gestrecktem Körper nach vorn fallen und drehen gleichzeitig das Becken. Alles Weitere geschieht fast von selbst. Das richtige Bein kommt nach vorn, der Fuß setzt auf, die über die Wirbelsäule mit dem Becken verbundenen Schultern drehen sich in die Gegenrichtung, und der Körper rückt vor. Sich wieder vorfallen lassen, das Becken drehen, der andere Fuß kommt, und so weiter. Dabei die Beine aber nicht zu weit nach vorn setzen, sonst fällt der Oberkörper wieder zurück; das wäre dann kein müheloses Fallen mehr, sondern ein mühevolles Schieben. Nein, die Beine einfach mitgehen lassen.
Natürlich klingen die Beine in dieser Beschreibung gar zu lahm. Das ist aber auch nur die erste Stufe. In der zweiten kommt das Abstoßen durch die Verbindung des Beckens mit den Beinen hinzu. Etwas Geduld, bitte, keinen Leistungsdruck erzeugen!

Becken hin und Schultern her

Ohne die Schulterdrehung wäre die Beckenrotation nicht möglich. Doch genau diese Becken-Schulter-Verbindung ist es, die viele Läufer nicht gut einsetzen. Je schneller sie laufen, desto mehr konzentrieren sie sich auf die Beine, vernachlässigen aber Schultern und Arme, der Oberkörper wird steifer, und der Läufer kommt bei jedem Schritt unmerklich aus dem Gleichgewicht. Eine ständige kräftezehrende Nachkoordination ist notwendig. Die optimale Gesamtkoordination des ganzen Körpers ist jedoch der Kern jeder natürlichen Lauftechnik. Es ist gar nicht schwer, du musst es nur zulassen; die Schwerkraft und das Becken die Arbeit machen lassen, nicht die Beine, aber auch nicht die Arme. Mit dem Zentrum des Körpers auf der Schwerkraft tanzen!

GENTLE RUNNING-Demo: Wir spielen John Wayne

John Wayne hatte einen natürlichen Gang: lässig-cool schwingend, sinnlich. Mach ihm das einmal nach. Du wirst merken: Du federst mehr, du rotierst, du neigst dich nach vorn, du wirst größer.
Dann stell deinen Kopf so um, dass du einen langweiligen Bürogang gehst. Es genügt die Umstellung im Kopf, und du wirst merken: Du

federst weniger, du wirst langsamer, der Oberkörper wird steifer, fällt nach hinten – und mit ihm der ganze Körperschwerpunkt. Interessant, nicht wahr? Wieder ein Beispiel, wie der Kopf uns steuert. Im Büro geht man nicht so wie einstmals John Wayne. Das wirkt wohl unseriös.

Beine und Füße hast du auch noch

Nach vorn abstoßen

Wenn du dich locker fallen lässt und drehst, kommen auch die Füße richtig auf, nämlich leicht und auf der ganzen Sohle, eher Richtung Außenseite. Dann schnelles Abrollen auf den Vorfuß, tendenziell etwas nach innen, und schließlich mit dem Vorfuß das Abstoßen in den nächsten Schritt hinein. Das hört sich komplizierter an, als es aus der natürlichen Ganzkörperbewegung heraus ist. Zugegeben, am Anfang brauchen deine Beine und Füße eine Zeit lang deine aktive Zuwendung. Du läufst zwar nicht mehr mit ihrer Kraft, sondern setzt die Beine nur ein, um dich bei jedem Schritt mit dem Vorfuß weiterzudrücken. Aber diese Umstellung will auch eingeübt sein. Und genau diese Bewegung ist ein wichtiger Teil von GENTLE RUNNING.

Auf dem ganzen Fuß aufkommen

Das folgt dann ganz selbstverständlich aus der ganzheitlichen Drehbewegung des Körpers. Und so aufzukommen, ist wichtig: Auf diese Weise fängt nämlich deine natürliche Federung, das Längs- und das Quergewölbe deines Fußes, den Aufprall am besten ab. Die Fersen, auf die so viele Läufer aufkommen, weil sie mit Rückenlage laufen, können das nicht. Sie haben wenig Dämpfung, und viele Laufschmerzen in den Füßen, in den Beinen oder in den Knien rühren daher. Und auch der Vorfuß ist nicht zum Aufkommen geeignet, weil du so deine Dämpfung teilweise überspringen würdest. Der Vorfuß ist zum Abstoßen da.

Lauf auf einem Zimmerboden barfuß oder in Socken so, dass du auf den Fersen aufkommst. Das ist natürlich völlig falsch, aber so kannst du fühlen, wie wenig Dämpfung deine Fersen eingebaut haben und dass sie dazu überhaupt nicht gebaut sind. Beim vorfallenden GENTLE RUNNING kommst du nicht auf den Fersen auf, sondern auf dem ganzen Fuß, und du stößt dich dann mit dem Vorfuß ab.

GENTLE RUNNING-Demo: Hartes Fersenlaufen

Beine hinten lassen

Wenn du lange Schritte machst, kommst du auf den Fersen auf, und dein Oberkörper fällt zurück. Dann musst du Kraft einsetzen, um nach vorn zu kommen. Bleib besser du selbst vorn und lass die Beine hinten, zum Wegdrücken. Deine Beine sollten nie vor dem Becken sein, auch nicht, wenn du einmal schnell läufst. So ist Laufen viel müheloser. Dein Körper wür-

Kurze Schritte machen

de lange Schritte ohnehin nur auf Befehl des Kopfes machen, weil dieser irgendwelche Leistungsvorstellungen umsetzen will. Kurze Schritte sind ihm nämlich lieber; deine Gliedmaßen müssen dann weniger Aufpralldruck absorbieren, und alle Knochen, Gelenke, Bänder und Muskeln können sich eher natürlich bewegen.
An deinem Körper hängt alles mit allem zusammen. Die Länge deiner Schritte hängt daher auch von der Haltung deiner Arme ab. Machst du die Arme kurz, indem du sie abwinkelst, dann können auch die Schritte kurz sein. Machst du sie lang, winkelst du sie also gar nicht oder wenig ab, dann werden die Schritte länger.

Donald, Benschi und die Afrikaner

Was haben Donald Duck, Wims Hund Benschi und die afrikanischen Wunderläufer gemeinsam?

Sie haben alle einen ähnlichen Laufstil: Sie laufen aus dem ganzen Körper, nutzen dabei die Schwerkraft, und sie setzen diese ein, um den Körper nach vorn zu stoßen. Die meisten Läufer unserer Breiten konzentrieren sich hingegen – statt auf den Abdruck – auf die Landung der Füße. Dadurch fallen sie zurück und handeln sich zusätzlichen Druck auf Füße, Beine und Knie ein.
Anders die Afrikaner: Sie bewegen sich vorfallend und weich. Ihre Füße klatschen nicht auf den Boden, sie laufen leicht und leise.

Kann man GENTLE RUNNING überhaupt lernen? – Ja, schon; aber es bleibt ein ewiges Experiment

Unsere Kultur trennte lange Zeit Körper und Geist, und sie fand Bewegungsarmut vornehm. In der Antike war das anders.

Warum laufen wir nicht ganz von selbst so leicht?

Wie früher einmal als Kind? Oder wie Benschi, der Hund? Oder sogar wie Donald Duck? Woher kommen die Sperren in unseren Köpfen?

Ist GENTLE RUNNING obszön?

Einer der Gründe ist unsere Kultur. Sie will nicht, dass wir uns so bewegen. Für sie ist das zu körperbetont. Immer wenn das Becken ins Spiel kommt, wird es heikel. Nicht nur bei der Fortbewegung, noch schlimmer ist es beim Tanzen. Der Rock 'n' Roll und noch früher der Tango galten in den Zeiten ihrer Entstehung als ausgesprochen unfein. Und Menschen wie etwa John Wayne oder gar Madonna bewegen sich wirklich nicht so, wie es sich beim Geburtstagsempfang der Queen gehören würde. Offenbar wirkt das unkontrolliert, manche werden sagen: obszön. Es mag zwar natürlich sein, ja sogar arterhaltend, aber es gehört sich eben nicht. Daher mussten früher in den feinen Familien die jungen Mädchen übungshalber so lange Bücher auf dem Kopf tragen, bis sie die gar nicht einfache Kunst des steifen Ganges verinnerlicht hatten. So wurden sie körperlos – und langweilig. Und weil irgendwann schließlich alle so steif gegangen sind und das als vornehm galt, haben das dann auch alle gemacht. Auch jene, die als Halbwüchsige keine Bücher auf dem Kopf tragen mussten. Einer hat es dem anderen abgeschaut. Weil es die anderen ja richtig machen, hat man etwas Falsches übernommen.

Plato und Aristoteles

GENTLE RUNNING sieht in Körper und Geist Partner. Das war auch bei den alten Griechen so. Diesen ging es jedenfalls im Alltag nicht ausschließlich um Höchstleistungen einer Körpermaschine. Plato betont in seinen Schriften, dass es für die Entwicklung der spirituellen Seite des Menschen sehr wichtig sei, den Körper zu bewegen. Ebenso Aristoteles: Man solle sich bewegen, den persönlichen körperlichen Fähigkeiten entsprechend, sagte er. Das bedeutet aber nichts anderes, als dass der Geist, also der Kopf, auf den Körper hören und ihn mitreden lassen soll. Der Körper weiß nämlich genau, was er leisten kann und was ihm gut tut. Und er sagt das dem sensiblen Läufer auch. Natürlich liegt das völlig quer zu den üblichen Trainingsmethoden, vor allem im Leistungssport, an dessen Usancen sich auch viele Freizeitläufer orientieren. Dort spielt es keine Rolle, wie man sich fühlt. Durchhalten ist angesagt, Weiterrennen bis zur Erschöpfung.

Wir wollen das nicht abqualifizieren, stehen doch oft genug bewundernswerte Leistungen dahinter. Aber was für Extremsportler gilt, muss für dich und mich noch lange nicht richtig sein.

Dein Gesicht sagt es

Wie entspannt jemand läuft, sieht man an seinem Gesicht, nicht an seinen Beinen; eher noch an den Händen, den Fingern. Schau dir die Gesichter der Läufer an, die dir entgegenkommen. Von Freude ist darin oft nichts zu sehen, eher drücken sie Freudlosigkeit, Schmerzen, Druck und Qualen aus; vor allem bei Männern.

Das sind wohl auch die Gründe, warum so viele Menschen, obwohl sie ihrem Bewegungsbedürfnis durchaus entsprechen wollen, mit dem Laufen nicht so richtig weiterkommen. Es ginge am besten, wenn Körper und Geist zusammenwirkten. Du verbesserst deine körperliche Leistung nicht, wenn du deinen Körper unterdrückst. Du wirst nur besser, wenn du ihm zuhörst und nicht deinem Ehrgeiz folgst. Daher gilt: Weniger denken, nicht befehlen, sondern ganz selbstverständlich sich dem wahren Rhythmus hingeben und erleben, wie leicht der Körper mit sich im Einklang sein kann.

„No social proof please, vergiss den Nachbarn! Wenn du von ihm abschaust, schaust du womöglich Fehler ab. Du bist einmalig und musst deinen eigenen Weg finden. Trau deinem Gefühl!“ Und er hilft uns dabei. Er bietet ein „Buffet“, von dem sich jeder bedienen kann.
Wir rollen am Boden, oder wir gehen, laufen, hinken, trotten, trippeln oder sonst was. Und Wim stellt ständig Fragen, die jeder für sich mit seinem Körper beantworten soll. Zwischendurch unterhält er uns mit Geschichten, die uns ebenso anregen wie die Bewegung. Später werde ich begreifen, das war Feldenkrais pur: „Bewusstheit durch Bewegung“, Hilfe zur Selbsthilfe, alles ausprobieren und Besseres entdecken. Klar, ein paar Grundsätze gibt es schon, und Wim streut sie immer wieder ein: „Mühelos laufen heißt die Schwerkraft anzapfen und mit der Körpermitte darauf gleiten. Die Beine brauchst du nur, um nicht auf die Nase zu fallen.“ So verkauft er uns das Vorfallen und das Beckendrehen.
Ein besonderes Anliegen ist es ihm, uns vom Leistungsdruck zu befreien. „Mach dir durchs Laufen dein Leben nicht noch schwerer, lauf für ein leichteres Leben, dann wirst du bald nicht mehr laufen müssen, sondern wollen.“ Der innere Druck verspannt uns. Müheloses Laufen aber ist Entspannung.
Immer besser fühle ich meine Bewegungen, und ich beginne, eine auch körperliche Ahnung zu entwickeln von GENTLE RUNNING, bei dem es nicht um Leistungsmuster geht, sondern nur noch um mich selbst. Und wenn wir dann auslaufen am Ende des ersten Tages und noch mehr am zweiten, spüre ich, wie ich leichter geworden bin und meine Bewegungen runder. Aber ich weiß auch, meine alten Gewohnheiten werden sich wehren. Und es wird nicht ohne Mühen gehen, das mühelose Laufen zu verinnerlichen.

GENTLE RUNNING ist Rollen plus eins: Durch die Nase atmen!

Formel 3 + 1: Jetzt geht es um das + 1, das ist die Nase. Sie ist genauso wichtig wie das Becken. Mund zu, Nase auf – und tiefes Ausatmen: So wirst du vom Lebensstoff durchflutet.

Der Osten weiß es

Atemkraft ist Lebenskraft

Es gibt östliche Lebensphilosophien, die die Verbesserung der Atmung ins Zentrum ihrer Lehre stellen, um damit den ganzen Menschen zu verbessern. Ohne zu atmen können wir kaum fünf Minuten überleben, und dennoch beschäftigen wir Westler uns wenig damit, jedenfalls viel weniger als zum Beispiel mit dem Essen.

Doch gutes Atmen ist gerade für Läufer von fundamentaler Bedeutung: Atemkraft = Lebenskraft = Laufkraft. Und natürlich brauchst du beim Laufen mehr, viel mehr Sauerstoff als in Ruhestellung. So viel, dass daran so mancher Laufanfänger gescheitert ist – weil er nicht richtig geatmet hat und auch noch zu schnell gerannt ist.

Wunderwerk Lunge

Einmal rund um die Uhr leben heißt über fünfundzwanzigtausend Atemzüge tun – in Ruhestellung; bei körperlicher Betätigung erheblich mehr. Dabei wird jedes Mal ein halber Liter Luft eingezogen; unter Belastung ein Mehrfaches. Die eingeatmete Luft strömt in der Lunge über eine Austauschoberfläche, die so groß ist wie ein Tennisplatz. Sauerstoff geht in den Körper, Kohlendioxid hinaus. Viele Millionen Lungenbläschen besorgen diesen Austausch. Sie entziehen der eingeatmeten Luft ein Fünftel ihres Sauerstoffs, bei körperlich sehr leistungsfähigen Menschen auch mehr. Und sie vermischen die Luft, bevor sie wieder ausgeatmet wird, mit der gleichen Menge Kohlendioxid, also Abfall. Dadurch wird unser Körper, der oft übersäuert ist, basisch. Ohne diesen Tausch wären wir bekanntlich in wenigen Minuten tot. Er hält unsere Lebensflamme am Brennen.

Richtiges Atmen bedeutet Wohlbefinden

Für Körper, Geist und Seele

Richtiges Atmen und eine gute Versorgung mit Sauerstoff haben für den Menschen in vielfacher Weise Bedeutung. Beides ist wichtig für die Arbeit der Zellen; für Stoffwechsel und Kreislauf; zur ständigen Pflege und Massage der inneren Organe, vom Herz bis zum Verdauungsapparat; für die Stimme und die Stimmung; und letztlich für das allgemeine, ganzheitliche Wohlbefinden. Eine Sauerstoffdusche am Morgen lässt den Tag viel besser beginnen. Sauerstoffmangel hingegen treibt uns in einen trüben Tag hinein.

Ob das alles gut gelingt – die Sauerstoffzufuhr und die Kohlendioxidbeseitigung –, hängt nicht nur vom Angebot und der Nutzung frischer Luft ab, sondern auch vom guten Atmen. Für Läufer ist es besonders wichtig.

Der Atem ist ein Spiegel

Er sagt viel über den Menschen aus, über sein Wesen und über seine momentane Befindlichkeit. In jeder Situation atmen wir anders: Wenn wir zögern, aufmerksam oder überrascht sind, uns fürchten, zweifeln, an etwas herumtüfteln oder was auch immer. Und natürlich, wenn wir uns anstrengen. Leider strengen sich die meisten an, wenn sie laufen.

Viele Läufer atmen schlecht

Drei Fehler

Das sind die miteinander zusammenhängenden Fehler, die die meisten Läufer machen, ohne viel darüber nachzudenken: Sie atmen durch den Mund, sie atmen zu schnell, und sie atmen zu flach. Dadurch belasten sie das Herz, und sie nützen ihre Lunge und die eingeatmete Luft schlecht aus. Der Stressabbau, die Senkung des Blutdrucks und die Beseitigung von Schadstoffen

funktionieren so weniger gut; ebenso die Entgiftung durch das Ausatmen von Kohlensäure.
Daher langsames und tiefes Atmen auch beim Laufen.

Der Mund ist zum Essen da, die Nase zum Atmen

Oberste Regel: Durch die Nase atmen

Ja, durch die Nase atmen, auch beim Laufen! Das klingt vielleicht überraschend, weil die meisten Läufer durch den Mund atmen und das sogar in manchen Laufbüchern nahe gelegt wird. Möglicherweise klingt das für dich auch ganz unmöglich, weil du befürchtest, durch die Nase nicht genug Luft zu bekommen. Keine Sorge, du bekommst genug! Und wenn auch noch so viele Läufer durch den Mund atmen: Es ist unnotwendig und nicht nützlich. Mundatmer werden aus mehreren Gründen schlechter versorgt als Nasenatmer. Und wenn sie Pech haben, keuchen sie sich auch noch ein Insekt hinein. Bei GENTLE RUNNING aber atmest du immer durch die Nase – auch dann, wenn du ausatmest.

Kinder sind Nasenatmer

Wir kommen als Nasenatmer auf die Welt. Ein Neugeborenes atmet nur durch die Nase, durch den Mund würde es das gar nicht können. Mundatmen muss es erst lernen. Mundatmen ist nämlich physiologisch ein reines Notatmen. Das Baby lernt es, wenn seine Nase verlegt ist. Beim ersten Mal erstickt es fast und weint natürlich fürchterlich. Aber dieses Weinen rettet ihm irgendwie das Leben. Weinen ist nämlich lautes Atmen durch den Mund: schnelles Hineinziehen der Luft und langsames Ausatmen mit dem sehr charakteristischen Weinlaut. Mundatmen wird also durch Stress ausgelöst.

Sind wir ständig in Not?

Man könnte es meinen. In Ruhe atmen zwar die meisten Menschen durch die Nase, wenn auch zu flach, aber schon beim kleinsten Stress wird auf Mundatmung umgestellt. Und solche kleinen Stresssituationen gibt es viele. Was als Hilfe für den wirklichen Notfall vorgesehen war, wird schon bei der geringsten Irritation in Anspruch genommen. Das kann auch der ganz natürliche und gesunde Laufstress sein.

GENTLE RUNNING aber heißt tief und langsam atmen; nicht Stress fördernd laufen, sondern Stress abbauend.

Nase kontra Mund

Warum ist Nasenatmung gut und Mundatmung schlecht?

Die Nase fördert beim Atmen den Einsatz der richtigen Atemmuskulatur, nämlich des Zwerchfells, also die Bauchatmung, und dadurch das tiefe Atmen. Mundatmung fördert hingegen die flachere Brustatmung.

Beim Atmen durch die Nase wird die Luft außerdem gereinigt, befeuchtet und auf Körpertemperatur gebracht. Die Nase prüft die Luft über den Geruchssinn, und sie gibt den Luftstrom in der richtigen Dosierung an die Lunge weiter. Die Nase bereitet also die Luft so ähnlich vor, wie das der Mund, wenn wir gut kauen und einspeicheln, mit der Nahrung tut.

Mundatmung hingegen begünstigt Infektionen und Entzündungen im Hals und in der Lunge. Mundatmung ist wichtig, aber nur als Notatmung, vielleicht gerade noch als Hilfsatmung, wenn es mit der Nase allein aus irgendeinem Grund gar nicht gehen will.

Bauch kontra Brust ···›

Nimm das Zwerchfell

Bauchatmen ist Atmung mit dem Zwerchfell, der Muskelkraft aus der Mitte des Körpers. Brustatmen läuft hingegen über kleinere Muskeln im Bereich der Rippen.

Irgendwie hat man uns eingetrichtert, die Brust sei hinauszustrecken und die Brustatmung sei edler als die eigentlich ganz bequeme Bauchatmung. Daher atmen viele Menschen über die Brust, unterstützt durch die Mundatmung. Dadurch erschlafft das

Zwerchfell nach einiger Zeit, und das Bauchatmen wird mühsamer und schließlich verlernt.
Das ist aber nicht gut, denn die Brustatmung ist für den Organismus belastender als die Bauchatmung. Sie lässt das Herz höher schlagen und verbraucht sinnlos mehr Sauerstoff, weil sie für den Körper anstrengender ist.

Bauchatmen liefert mehr Sauerstoff

Die Brustatmung vernachlässigt beim Einatmen außerdem den unteren Teil der Lunge, der für den Austausch von Sauerstoff und Kohlendioxid besonders gut geeignet ist. Daher atmen Brustatmer schneller. Nur so bekommen sie genug Luft, genug Sauerstoff. Mundatmen und Brustatmen sind somit schädlich, jedenfalls aber unwirtschaftlich.
Ganz anders die Bauchatmung. Sie ist tiefer, weil sie Sauerstoff auch in die vorzüglich durchbluteten unteren Lungenlappen bringt. Der Gasaustausch funktioniert so besser, und der Körper kann die Atemfrequenz herunterfahren; das ist für Herz und Kreislauf schonender. Darüber hinaus massiert das Zwerchfell unsere Innereien.
Der Schlüssel zur Bauchatmung, also letztlich zur Zwerchfellatmung, ist die Nase. Wenn wir durch die Nase atmen, fördern wir das tiefe und entspannende Bauchatmen.

Bauchatmen beruhigt

Vor allem das tiefe Bauchatmen, und ganz besonders das tiefe Ausatmen. Dabei wird Stress abgebaut. Eine genaue Pulsbeobachtung zeigt, dass das Herz bei jedem tiefen Ausatmen langsamer schlägt und beim Einatmen wieder etwas zulegt. Es ist kein Zufall, wenn sich die östlichen Lebensphilosophien, die sehr auf Entspannung setzen, viel mit dem Atmen beschäftigen. Tiefes Bauchatmen macht ruhig.

Die Zigarettenpause auch?

Ja, auch diese wirkt beruhigend. Der gestresste Zigarettenraucher geht an die Luft und nimmt besonders tiefe Züge. Er macht das, um sich zu entspannen. Und es funktioniert. Er meint, es sei die

Zigarette, die ihn beruhigt, doch es sind die langsamen und tiefen Atemzüge, die wirken; auf eine vielleicht nicht ganz ideale Weise, aber immerhin.

Besonders wichtig: Tiefes Ausatmen mit Nase und Bauch

Die Lunge leeren

Gute Läufer, die durch die Nase atmen, erzählen immer wieder, dass sie sich überhaupt nicht um das Einatmen kümmern, wie man geneigt ist anzunehmen, sondern um das Ausatmen: Tiefes Ausatmen durch die Nase, und das mit dem Bauch! Das ist vielleicht der wichtigste Merksatz im ganzen Atemkapitel.

Das Ausatmen ist wichtiger, weil das Einatmen als Reaktion auf das Zwerchfell-Ausatmen bis zu einem gewissen Grad von selbst geschieht: Nach dem tiefen Ausatmen füllt sich die Lunge wieder ohne größere Muskelanstrengung, weil die Normalstellung der Lunge eine mit einem gewissen Luftvolumen ist. Und die Konzentration auf das tiefe Ausatmen hat auch den Vorteil, dass die unteren, besser durchbluteten Lungenteile aktiv eingesetzt werden. Das gibt dir Kraft. Genau das war das Erfolgsgeheimnis eines der berühmtesten Schwimmer aller Zeiten, Mark Spitz. Wenn seine Konkurrenten siebzigmal atmeten, kam er mit vierzig- bis fünfzigmal aus. Er gewann alles.

GENTLE RUNNING-Demo: Ausatmen Nase gegen Mund

Es geht um das bekannte „Brille anhauchen“. Hauche zuerst wie üblich mit dem Mund. Dann, wie nicht üblich, mit der Nase. Du wirst bemerken, dass der Luftstrom durch die Nase länger braucht: Weil die Nase besser dosiert und du über das Zwerchfell tiefer ausatmest.

Von Mund auf Nase umstellen

Lass dir Zeit

Wer gewohnt ist, beim Laufen durch den Mund zu atmen, wird einen gewissen Umgewöhnungsprozess durchmachen müssen. Schließlich sind unsere Nasen wegen der jahrelangen Unterbenutzung oft ein wenig vergammelt. Du wirst vielleicht zwei bis vier Wochen brauchen. Betrachte das Hin- und Herwechseln während der Umstellung, wenn es überhaupt auftritt, als das, was es ist: ein neues Lernen. Du zwingst deinen Körper nicht, von einer

Minute auf die andere alles neu zu machen, durch viele Jahre geübte Gewohnheiten plötzlich fallen zu lassen. Das würde ihn zu sehr unter Stress setzen. Vielmehr soll er das Nasenatmen neu lernen und sich adaptieren.

Nasenatmung ist Medizin für die Nase

Sie hilft gegen verstopfte Nasen und allergischen Heuschnupfen, bei Problemen mit den Nebenhöhlen oder bei verkrümmten Atemkanälen. Laufen mit Nasenatmung wirkt so, als würdest du einen kleinen Nasenrauchfangkehrer mittragen. Nimm nur etwas mit zum Schnäuzen; hast du aber nichts bei der Hand, so blase es halt hinaus.

Auch wenn die Nasenwege am Anfang irritiert reagieren, durch starken Blutandrang und entsprechende Flüssigkeitsabsonderung zum Beispiel, sollst du die Umgewöhnung nicht abbrechen. Es ist nachvollziehbar, dass sich die Nasenschleimhäute an die ungewohnte Luftmenge, die beim Laufen durch sie strömt, erst gewöhnen müssen.

Ein Marathonläufer stellt um und wird glücklich

Der ungläubige Thomas

Zehn Wochen vor seinem Marathon erfuhr Thomas in Wims Laufseminar zum ersten Mal von den Vorteilen der Nasenatmung. Er war als Mundatmer gekommen, mit Trainingsplänen und Pulsmesser. Thomas ist ungläubig, aber es lässt ihn nicht los.

„Kann ich jetzt, so kurz vor dem Marathon, noch umstellen, ohne alles durcheinander zu bringen?"

Wim: „Probier's aus und rechne mit vier Wochen. Nachher müsstest du mit weniger Atemzügen einen niedrigeren Laufpuls haben und leistungsfähiger sein."

Zwei Monate später ruft Thomas an und bestätigt alles. Er ist sehr exakt und hat sich genau „vermessen". Zwanzig bis dreißig Sekunden pro Kilometer ist er jetzt schneller, und das bei einem Puls, der zehn bis zwölf Schläge niedriger liegt als früher.

Frage an Gentle Running

„Wie viele Schritte soll ich bei einem Atemzug machen?"

Vergiss die ganzen Regeln, zum Beispiel zwei Schritte einatmen und drei Schritte ausatmen; womöglich noch abwechselnd mit Nase und Mund, wie das manchmal empfohlen wird. Es gibt keine Norm, das ist alles willkürlich. Finde deinen eigenen natürlichen Rhythmus und entdecke deine Möglichkeiten spielerisch, ohne dass du dich unter Atemstress setzt. Das ist ganz wichtig. Versuche nur, tief zu atmen und eher viele Schritte pro Atemzug zu machen; vor allem beim Warmlaufen. Zähle zwischendurch mit, aber nicht ständig, sonst kommst du nicht zu dir selbst. Wenn du einige Zeit bei Nasenatmung gelaufen bist, wird sich das einpendeln. Je mehr du das Laufen gewohnt bist, desto leistungsfähiger wird deine Lunge. Sie nimmt dann pro Atemzug mehr Luft auf, und du wirst mehr Schritte machen können. Bei einem weniger geübten Läufer muss sie den größeren Luftbedarf noch durch schnelleres Atmen decken. Wim macht beim Einlaufen pro Atemzug ungefähr zweimal zwölf Schritte und nach dem Einlaufen zweimal sechs. Das wird nicht unbedingt vorbildhaft sein können. Aber Rudi kommt auf zweimal sieben und dann zweimal drei oder vier Schritte.

Atmen im Alltag

Länger leben

In der indischen Kultur gibt es die Vorstellung, ein bestimmtes Leben habe so und so viele Atemzüge. Diese können auf eine kürzere oder eine längere Zeitspanne verteilt werden. Langsames Atmen hieße dann längeres Leben.
Übersetzt in das westliche Denken, bedeutet das: Langsames und tiefes Atmen schont Herz und Kreislauf und hat auch sonst viele gesundheitliche Vorteile; ein längeres und besseres Leben kann die Folge davon sein.
Es würde sich also schon lohnen, auch das Atmen im Alltag zu verbessern. Immer wieder kleine Übungen machen, das geht überall und ganz nebenbei.

GENTLE RUNNING-Demo: Wie geht's deiner Lunge?

Das kannst du feststellen, indem du die Schritte zählst, die du während eines Atemzuges gehst. Gemeint ist ganz normales Gehen. Wenn du beim Einatmen achtzehn Schritte oder mehr machst und beim Ausatmen noch einmal achtzehn Schritte oder mehr, dann ist deine Lunge sehr gut in Form; von zwölf bis siebzehn immer noch gut. Bei sechs bis elf Schritten ist deine Lunge nur noch einigermaßen in Schuss, und unter sechs wirklich schlecht.
Aber die Frohbotschaft lautet: Durch systematisches Üben kannst du den Zustand deiner vernachlässigten Lunge wieder verbessern. Die Lunge und ihre Muskeln sind nämlich genauso trainierbar wie alles andere an deinem Körper.

Frage an GENTLE RUNNING

„Wenn ich nur durch die Nase atme, dann muss ich beim Laufen den Mund halten, auch wenn ich zu zweit oder in einer Gruppe unterwegs bin. Ist das nicht etwas übertrieben?"

Ja, das wäre übertrieben; auch wenn es theoretisch richtig ist. GENTLE RUNNING ist aber nichts Dogmatisches. Vielmehr soll es Lebensfreude schenken, und dazu gehört auch, dass du dich beim Laufen unterhalten kannst, wenn du es willst. Für manche Menschen ist das Laufen mit einem Freund oder einer Freundin und die Gespräche, die dabei geführt werden, eine richtige therapeutische Stunde. Das darf sich niemand nehmen lassen. Auch wenn dann nicht jeder Atemzug so perfekt ist, wie er sein könnte. Es geht einfach um Prioritäten. Nur beim Umstellen auf die Nasenatmung wäre es besser, eine Zeit lang den Mund zu halten.

Wims Lebenslaufen

Laufen ist meine Art zu leben. Wenn ich irgendwohin will, denke ich zuerst: Kann ich dorthin laufen? Muss ich zu einer Behörde oder eine kleine Besorgung machen, bei der nicht viel zu schleppen ist, dann laufe ich. Wenn für mein Auto das Service fällig ist, fahre ich zur Werkstätte, laufe nach Hause, und am Nachmittag laufe ich das Auto wieder holen. Und mein Hund Benschi hat noch nie erlebt, dass ich mit ihm eine Runde spazieren gehe – wir laufen beide spazieren.

Üblicherweise laufe ich zweimal am Tag. Morgens mit Benschi eine halbe bis zwei Stunden. Und am Abend noch einmal eine halbe bis eine Stunde. Dabei laufe ich so, wie ich mich gerade fühle. Wenn es mir gut geht, laufe ich weiter oder schneller; bin ich eher müde, laufe ich weniger und langsamer.

Ich laufe aus purer Freude an der freien Bewegung. Da ich auf dem Land wohne, laufe ich manchmal auch barfuß: auf dem Gras, durch Bäche und sogar auf der Straße oder im Wald. Und auch den Vollmondnächten kann ich nicht immer widerstehen.

Die meiste Zeit widme ich mich beim Laufen meinem Atem und der Bewegung, aber auch den Formen und Farben der Natur – eine Art Laufmeditation. Diese macht meinen Kopf frei, und ich kann besser denken. Wie schnell ich laufe, ist mir nie wichtig; nicht einmal, wenn ich sehr schnell bin. Es geht mir vor allem um meine Gefühle beim Laufen und danach.

Wie das alles angefangen hat, willst du vielleicht wissen? Genauso wie bei dir als Kind. Zum Unterschied von den meisten anderen habe ich aber das Laufen später nicht eingestellt, sondern weitergemacht. Das ist mir klar geworden, weil es meine Oma und meine Eltern immer wieder erzählt haben. Und ich bin ihnen dankbar, dass sie mich nicht eingebremst haben.

Schließlich landete ich in einer Laufgruppe mit einem Coach. Das war in Neuseeland; dort bin ich aufgewachsen. Ein Glück für mich. In diesem Land wird seit Jahrzehnten viel gelaufen. Manchmal war ich auch mit Arthur Lydiard unterwegs.

Jetzt lebe ich in Österreich und in Griechenland. Die Griechen wundern sich immer, wenn sie mich sehen. Einmal fragte mich einer, warum ich immer renne. Ich antwortete ihm: „Weil ich so am besten von da nach dort komme." Ohne Grund würde er nie laufen, entgegnete der Grieche. „Ich auch nicht", sagte ich nur.

Und so laufe ich weiter. Mein Lebenslauf ist ein einziges Lebenslaufen. Ich bin dankbar dafür und will etwas davon weitergeben.

Formel 3 + 1 Praxis: Übungen zum Laufen und Atmen

Schritt für Schritt und Zug um Zug näherst du dich dem GENTLE RUNNING. Viele kleine Übungen sollen dir jetzt dabei helfen, dich selbst zu entdecken und deine Gewohnheiten zu verändern.

Praxis 3 + 1: Sich groß machen und ins Laufen fallen

Der goldene Faden

Geh und mach dich dabei größer. Streck deinen Nacken, als würdest du um Zentimeter wachsen wollen, und lass dich leicht vorfallen. Damit das besser geht und du vorn bleibst, präsentieren wir dir jetzt eine Laufphantasie, die du immer wieder einsetzen kannst.

Stell dir vor, an deiner Stirn ist ein Faden befestigt, der dich nach vorn zieht und zugleich ganz leicht nach oben, dorthin, wo in einer ebenen Landschaft der Horizont ist. Und stell dir den Faden vielleicht nicht in der Befehlsfarbe Rot vor, sondern als goldenen Luxusfaden. Oder in deiner Lieblingsfarbe, in einer Farbe, die du an deinem Partner magst, oder gar in irgendwelchen Nationalfarben. Alles nur im Kopf, aber es wirkt: Es zieht dich. Halte den Oberkörper locker. Der Faden wird schneller gezogen, und irgendwann würdest du fallen. Aber jetzt machst du ein paar kleine und lockere Laufschritte, Füße kaum vom Boden heben. Ein paar Mal machen und zwischendurch gehen. Die Arme nicht hängen lassen, sondern anwinkeln. Dadurch bleiben die Schritte kurz, weil auch der Armhebel kurz ist. Je kleiner der Winkel, desto kleiner werden die Schritte, also mach ihn eher klein. Und immer wieder an das Strecken des Körpers denken. Wegen unserer sitzenden Lebensweise neigen wir dazu, uns beim Vorfallen zu krümmen und unsere Muskeln zusammenzuziehen, den Körper zu versteifen, wenn

Anstrengung auf uns zukommt. Dadurch verfällt nicht nur dein Körper, sondern dein ganzer Laufstil. Das behindert die Bewegungen deines Oberkörpers und schränkt deine Atmung ein.

Das Fadenspiel

Mit dieser Übung verfeinerst du dein Gefühl für das, was im vorigen Absatz stand. Du lernst noch einmal Laufen wie ein Kind. Geh deinen normalen Gang. Dann stell dir den Faden vor und lass dich leicht nach vorn und hinauf ziehen. Ohne es bewusst zu entscheiden, wirst du ins Vorfallen und damit ins Laufen kommen. Setze dabei die Beine nicht besonders ein, lass sie einfach mitgehen. Und nicht schneller werden. Dann wird der Faden plötzlich locker, und du fällst wieder zurück ins Gehen – ganz langsam gehen. Aber dann kommt wieder der Faden und zieht dich ins langsame Laufen. Nach ein paar Metern lässt er wieder nach.
Setze dieses Fadenspiel fort, um ein Gefühl für den Unterschied zu entwickeln.

Probiere auch das Falsche

Nach einiger Zeit kannst du beim Vorfallen versuchen, zwischendurch nur aus den Beinen zu laufen, also ohne die Schwerkraft zu nutzen. So wirst du zwar laufen können, aber gleichzeitig wieder zurückfallen, das heißt ins Bremsen kommen. Und du erkennst den Unterschied zwischen dem leichten Laufen und dem Laufen mit Kraft.
Oder komm bewusst auf den Fersen auf; oder mach dich beim Laufen klein, also kein Nackenstrecken: Immer wirst du zurückfallen und den Unterschied spüren zwischen dem leichten Laufen und dem schwerfälligen, bei dem die Kraft letztlich in den Beinen stecken bleibt.

Vorbild „Hans Guck in die Luft“

Erinnerst du dich? Dieser lange Kerl aus dem *Struwwelpeter* hat eine ziemliche Vorlage. Offenbar, weil er immer hinauf schaut. Probier’s aus: Lauf und schau zuerst auf den Boden; dein Körperschwerpunkt wird hinten hängen. Dann schau hinauf, es muss gar nicht so viel sein. Dein Oberkörper wird dadurch von selbst nach vorn gehen, vorfallen. Also beim Laufen nicht dauernd den Boden betrachten, sonst fällst du zurück. Nimm den „Hans Guck in die Luft“ nicht als Abschreckung, wie er für die Kinder gedacht war, sondern als Vorbild.

Wir suchen den Geh-Punkt

Praxis 3 + 1: Vorfallen und vom Boden abstoßen

Das ist jener Punkt auf der Fußsohle, von dem du dich in den nächsten Laufschritt abstößt. Idealerweise von einem Punkt unten am Vorfuß hinter der großen und der zweiten Zehe, also am Rand des Ballens. Wenn du dieses Abstoßen beherrschst, wirst du ein Meister des GENTLE RUNNING.

Auch hier geht es nicht um Kraft, sondern um die optimale Koordination des ganzen Körpers. Die weltbesten Hochspringer gleiten über eine Latte, die so hoch ist wie ein Zimmer: zwei Meter vierzig. Das geht nicht mit purer Kraft, da greift eins ins andere; und das perfekt, auf die Hundertstelsekunde genau.

Käpt'n Hook

Hier eine Übung, die dir helfen soll, diesen Geh-Punkt zu finden. Mach sie zuerst am besten barfuß oder in Socken, erst später in Schuhen.

Käpt'n Hook, der böse Widerpart von Peter Pan, hat ein steifes Holzbein. Er hinkt also. Und es geht jetzt darum, diesen Gang zu imitieren. Stell dir zuerst vor, dein linkes Bein sei das Holzbein. Mach es also steif und bewege es nur aus dem Hüftgelenk. Damit du dennoch gehen kannst, musst du dich jedes Mal, wenn dein rechter Fuß auf den Boden kommt, größer machen. Du kommst auf dem ganzen rechten Fuß auf und rollst diesen nach dem Auftreten sofort auf den Vorfuß, bis du fast auf den Zehenspitzen stehst. Dann nach vorn abdrücken, im Vorfallen das „Holzbein“ durchschwingen und das Gewicht wieder auf dieses fallen lassen. Konzentriere dich beim Abdrücken vom rechten Fuß auf die Stelle an der Fußsohle, von der aus du drückst. Dort ist der gesuchte Geh-Punkt. Mach dieses Hook-Gehen vielleicht zwanzig Schritte, dann geh wieder normal, und spüre, wie anders sich jetzt die

Fußsohlen anfühlen. Wiederhole diese Übung immer wieder, um das Abdrücken zu üben, und wechsle dabei natürlich das Bein.

Der Geh-Punkt als Dreh-Punkt

Wir perfektionieren weiter. Beim Laufen wirst du dich dann vom Geh-Punkt nicht einfach nur geradeaus nach vorn drücken, sondern den Oberkörper und dadurch die Abrollbewegung des Fußes leicht nach innen drehen. Aus dem Geh-Punkt wird dann der Dreh-Punkt.

Wenn du den Geh-Punkt beim Käpt'n-Hook-Gang gut lokalisiert hast, solltest du die Bewegung weiter vervollkommnen und dich beim Abstoßen jedes Mal etwas Richtung Holzbein drehen. Wichtig bleibt, dass du nicht etwa auf dem Geh-Punkt landest, sondern auf dem ganzen Fuß aufkommst. Dann rollst und drehst du diesen zum Punkt und stößt dich ab.

Unterbrich den Käpt'n-Hook-Gang immer wieder durch normales Gehen. Und natürlich das „Holzbein" wechseln. Nach einiger Zeit wirst du mit deinem Geh-Punkt so vertraut sein, dass du beim Zwischendurchgehen nur noch diesen spürst.

Perfektion im Schwimmbad

Solltest du hin und wieder ein Schwimmbad aufsuchen, kannst du dein Geh-Punkt-Gefühl im brusthohen Wasser vertiefen. Die Bewegung ist dann eine Art abstoßendes Gehen in großen Schritten und mit hochgerissenen Knien. Da dich das Wasser trägt, ein leichtes Spiel.

Aus den Hüften laufen

Praxis 3 + 1: Abstoßen und Hüften drehen

Arme verschränken, vorfallen lassen und laufen. Auch wenn du bisher beim Laufen nicht gedreht hast, kannst du mit verschränkten Armen, wenn du dich nicht absichtlich steif machst, gar nicht anders, als zu rotieren. Probier das immer wieder, damit du dir vor Augen führst, wie das geht.

Dann die Arme auf den unteren Rücken legen und die Hände verschränken: derselbe Effekt. Und zur Abwechslung die Arme nicht verschränken, sondern in die Höhe strecken. So kannst du ein Gefühl dafür entwickeln, wie die ganze Laufbewegung aus der Hüfte kommt und wie die Schultern gegendrehen. Dabei solltest du auch beginnen, dich mit den Füßen abzustoßen. Die Kraft zum Abstoßen nimm aber nicht aus den Füßen, sondern aus der Drehung des Beckens. Erinnere dich: Die Beine und Füße sind nicht zum Laufen da, sondern zum Schutz deiner Nase.

Schultern einbeziehen

Das ist eigentlich gar nicht notwendig. Dein Körper ist nämlich so gebaut, dass du die Hüfte nicht drehen kannst, ohne die Schultern gegenzudrehen. Je mehr du das Becken rotieren lässt, desto mehr werden das auch die Schultern tun. Aber Initiative und Kraft sollen beim Laufen vom Becken kommen. Aus den Schultern gesteuert, funktioniert dieses Wunder an Koordination nicht so, dass es auf jeden Fall in eine gute Laufbewegung mündet.

Wenn du das Laufen aus der Hüfte mit den verschränkten oder erhobenen Armen übst, so lass dazwischen immer wieder los und bring die Arme in eine normale Laufstellung. Während du so dahinläufst, wirst du erleben, wie die Arme von den gegendrehenden Schultern locker weiterbewegt werden, ohne eigenen Krafteinsatz, vielmehr von einer größeren Kraft, die von woanders kommt – aus dem ganzen Körper nämlich.

Zwischendurch ···> Körper drehen und Arme schlenkern

Wims Tipp

Besser drehen

Eine Übung, die deine Drehfähigkeit stimulieren soll. Stell dich hin, wo du etwas Platz hast. Füße etwas nach außen richten, Beine in leichter Grätsche, Arme ganz locker baumeln lassen. Dann eine Ferse mit den Zehen am Boden nach außen drehen und sofort wieder zurück; das Gleiche mit dem anderen Fuß, hin und her, immer wieder. Die Drehung kommt aus der Kraft der Hüfte, dadurch geht der ganze Körper mit. Die baumelnden Arme leisten keinen Widerstand und schlenkern daher im Rhythmus des Drehens weit um den Körper herum, bis in die Nierengegend: zuerst auf eine Seite, dann auf die andere, immer wieder. Mach das vielleicht eine halbe Minute lang. Danach noch kurz auf den Zehen wippen und dich dann ausschütteln.

Setz dich hin, schau nach hinten, und dann schau wieder nach vorn. Gewissensfrage: Wie weit hast du dich umgedreht? Nur mit dem Kopf? Vielleicht auch noch die obersten Halswirbel dazu benützt? Oder hast du dich aus der Kraft des Beckens heraus gedreht? Ich nehm's vorweg: Die meisten Menschen kommen, wenn sie sich nicht ganz bewusst weiter drehen, über die Halswirbel nicht hinaus.

GENTLE RUNNING-Demo: Wir Drehmuffel

Diese kleine Demonstration zeigt, wie drehfaul wir sind. Müheloses Laufen und vieles andere besteht aber aus Rollen und Drehen. Wenn du beim Drehen die Augen „voraus drehst", geht's noch besser. Die Bewegung der Augen organisiert nämlich die Bewegung des ganzen Körpers. Wohin wir schauen, dorthin streben wir auch. Und für die Gedanken gilt dasselbe. Daher funktioniert auch das Fadenspiel.

Vergleiche Nase und Mund

Praxis 3 + 1: Atmen mit Nase und Bauch

Um ein Gefühl dafür zu entwickeln, kannst du ein wenig mit Nase und Mund experimentieren.

Atme dreimal tief durch den Mund ein und wieder aus, und zwar so viel als möglich Luft einatmen und dann die ganze Lunge wieder leeren. Dann das Gleiche mit der Nase. Wiederhole das ein paar Mal und registriere deine Reaktionen.

Häufigste Beobachtungen: Es dauert länger, durch die Nase zu atmen. Beim tiefen Mundatmen können Schwindelgefühle auftreten. Das ist die Folge der Hyperventilation, also des tiefen und schnellen Atmens durch den Mund. Der Kreislauf bekommt dadurch zu viel Sauerstoff auf einmal, schockartig, und das tut ihm nicht gut. Bei der Nasenatmung ist Hyperventilation praktisch unmöglich.

Das Mundatmen fühlt sich flacher an, das Nasenatmen tiefer. Das ist nicht nur ein Gefühl, das ist wirklich so; mit allen oben beschriebenen Versorgungs- und Belastungsnachteilen der flachen Atmung. Nasenatmen entspannt und beruhigt. Es heißt, das Zwerchfell rege das parasympathische Nervensystem an; daher diese angenehmen Gefühle. So ist wohl auch der Ratschlag zu verstehen, bei plötzlich auftretenden großen Problemen zuerst einmal tief durchzuatmen. Durch die Nase natürlich, und zur Beruhigung.

Ballonübung

Diese Übung soll dir helfen zu lernen, nicht nur aus dem vorderen Bauch heraus zu atmen, sozusagen nur mit dem Bauchnabel, sondern nach innen in alle Richtungen.

Stell dir also vor, du hast in dir einen großen, dich ausfüllenden Ballon, mit dem du atmest. Jedes Mal, wenn du ausatmest, wird er klein wie ein Tennisball hinter deinem Nabel. Und wenn du einatmest, geht dieser Ballon auseinander und füllt deinen Oberkörper ganz aus. So bekommst du mehr Luft.

Ujjayi-Atmung

Tennisspieler stoßen manchmal beim Schlagen einen Schrei aus. Das ist nichts anderes als ein extrem stoßweises Ausatmen, das ihnen Kraft gibt. Natürlich passen solche Luftexplosionen nicht zum Laufen, das ja auf Ausdauer setzt und nicht auf eine sekundenschnelle Höchstleistung. Aber in einer sanften Form kann das, was die Inder Ujjayi nennen, auch beim Laufen das Atmen perfektionieren, weil es die Atemluft dosiert.

Tiefes Ausatmen, durch die Nase und mit dem Bauch natürlich, dabei die Kehle etwas zusammenziehen und ohne die Stimmbänder einen leichten, ganz leichten Kehlton erzeugen. Dieser Kehlton hört sich an, als ob du mit geschlossenem Mund, und ohne die Stimmbänder einzusetzen, flüstern würdest.

Ujjayi aktiviert die Bauchmuskeln zum dosierten Hinausdrücken der Luft. Mit diesen Feinheiten solltest du aber erst experimentieren, wenn du erfolgreich auf Nasenatmung umgestellt hast. Und wenn du so weit bist, wirst du langsamer ausatmen. Du erkennst es daran, dass du bei jedem Atemzug mehr Schritte unterwegs bist als ohne Ujjayi-Ton.

Wims Tipp

Stress wegatmen

Die Lunge leer atmen, dann tief einatmen, die Luft lang anhalten und wieder langsam ausatmen. Das Luftanhalten und langsame Ausatmen gibt dir besonders viel Sauerstoff. Das baut Stress ab. Damit du ein Gefühl für den Rhythmus bekommst, kannst du in Gedanken gleichmäßig mitzählen, und zwar so, dass du die Luft dreimal so lang anhältst, wie du einatmest, und dir für das Ausatmen doppelt so viel Zeit nimmst wie für das Einatmen.
Beispiel: einatmen – bis drei zählen; Luft anhalten – bis neun zählen; ausatmen – bis sechs zählen.
Stress wegatmen, das kannst du überall machen: im Auto bei Rotlicht an der Kreuzung, am Arbeitsplatz, zu Hause im Fernsehsessel oder im Bett. Am besten funktioniert es übrigens mit der Ujjayi-Methode.

Frage an Gentle Running

„Und wo bleibt das Kapitel, in dem beschrieben wird, wie der Fuß beim Laufen landen soll?"

Wir haben diese Frage erwartet, weil so viel darüber zu lesen ist und viele Läufer sich daher nur allzu oft auf das Landen konzentrieren. Dadurch verkrampft sich aber der Laufstil, leichtes Laufen wird so erschwert. Wir haben uns in diesem Buch mehrfach auch damit beschäftigt, wie die Füße aufkommen. Das sollte jedoch nicht im Vordergrund stehen. Befasse dich mit 3 + 1, dann wird das gute Landen mitgeliefert.

Wie Rudi 3 + 1 lernte

Laufen ist ein ewiges Experiment. Die Theorie ist bald verstanden. Aber das Einpflanzen in den laufenden Körper, das erfolgreiche Neuprogrammieren des Gehirns und des Nervensystems, um das alles zu automatisieren und damit erst wirklich mühelos zu machen, dauert seine Zeit.

Als Wim und ich einander vor zwei Jahren kennen lernten, lief ich schon einige Zeit so zweimal in der Woche. Mein Stil war eher weiblich, also ohne großen Krafteinsatz, aber ich trug, „männlich" verspielt, zwei verschiedene Pulsuhren, die mir alles Mögliche anzeigten.

Was ich schon im ersten Seminar begriff, war das Beckendrehen und die Vorlage. Letzteres aber doch nur eingeschränkt, weil eher gebeugt statt nach oben gestreckt – ein verbesserter Bürosessellaufstil. Dadurch war das Drehen noch ziemlich oberkörperbetont. Das spürte ich. Aber eine erste Entwicklungsstufe war erreicht.

Die nächste Stufe hat mein Laufen zwar nicht äußerlich, wohl aber innerlich völlig verändert: der Umstieg auf die Nasenatmung. Das gelang mir zu meiner Überraschung von einem Tag auf den anderen ohne besondere Schwierigkeiten; auch bergauf und bis in die Gegend des Maximalpulses. Heute verstehe ich nicht mehr, wie ich beim Laufen jemals durch den Mund atmen konnte. Und wenn ich es zwischendurch, nur um mich an die schlechten alten Zeiten der Mundatmung zu erinnern, ein paar Atemzüge lang probiere, habe ich ein Gefühl, als würde ich mir selbst den Sauerstoffhahn abdrehen.

So verändert, lief ich eine Zeit lang. Dann kam die nächste Stufe: Ich erhob mich aus dem Bürosessel und begann aufrechter, also gestreckt zu laufen und meinen Blick vom Boden wegzunehmen. Das war wieder ein Erlebnis. Ich wurde leichter und bekam mehr Luft. Offenbar war mein Lungenraum größer geworden. Fazit: Wieder mehr Freude am Laufen.

Und während Wim und ich dieses Buch verfassen, bin ich wohl in einer weiteren Entwicklungsstufe: Ich versuche, das Abstoßen zu verbessern. Zuerst produzierte ich den Druck beim Abstoßen zu sehr aus den Fußgelenken, bis ich begriff, dass er stärker aus den sich drehenden Hüften kommen muss. Dann wird er wirklich mühelos, und wenn man auch noch die Beine beim Durchziehen abwinkelt, kann man schon ziemlich dahinsausen. Zwischendurch jedenfalls, denn schnelles Laufen bleibt die Ausnahme.

Noch habe ich meinen Kopf nicht so umprogrammiert, dass das alles einwandfrei sitzt, aber es wird ständig besser. Und ich fühle immer mehr, wie das Becken, die

Schultern, die Beine, die Füße und was weiß ich noch alles reibungsloser zusammenarbeiten und so das Laufen wirklich aus dem ganzen Körper kommt. Doch ich komme an kein Ende. Laufen bleibt ein ewiges Experiment. Aber es macht mir viel Freude.

Jetzt aber endlich: Laufen!

Laufen besteht aus dem Einlaufen, dem freien Laufen und dem Auslaufen. Gleitende Übergänge werden dir gut tun. Eine Stunde wäre ideal, aber eine halbe tut's auch. Zwei Programme für Anfänger und Könner

An Bewegung gewöhnen

Am Beginn steht das Gehen

Viele Anfänger wollen sofort loslegen: Sie laufen zu schnell, zu lang und zu weit. Das hält niemand aus, und nach ein paar „Ausflügen" ist es zu Ende. Wenn du Anfänger bist, ist es daher nicht sinnvoll, von der ersten Minute an zu laufen. Viel wichtiger ist es, deinen Körper an die ausdauernde Bewegung zu gewöhnen. Das ist schließlich neu für ihn. Und gleichzeitig solltest du das Nasenatmen einüben. Fang also ruhig mit Gehen an; zu Beginn – wenn du willst – sogar ausschließlich. Nach einiger Zeit kannst du die Geschwindigkeit erhöhen und zwischendurch mit den ersten Laufeinlagen beginnen. Kurze Einlagen nur, hundert oder zweihundert Meter. Wenn das läuft, innerlich und äußerlich, dann weite die Laufpassagen langsam aus. Aber langsam laufen, nicht powern; sehr langsam sogar. So kommst du ins Laufen hinein.

Sich fünf bis zehn Minuten langsam einlaufen

Auch wenn du kein Anfänger bist, solltest du jedes Mal zuerst ein paar Schritte gehen und dich dann langsam einlaufen; viel langsamer, als es üblich ist. Lass dich ruhig vom goldenen Faden ziehen. Achte von Anfang auf das tiefe Einatmen und Ausatmen, das ganz bewusste Atmen, das alle Lungenwinkel durchflutet. So bereitet sich dein Kreislauf perfekt auf eine größere Leistung vor: Er nimmt mehr Sauerstoff auf, und er scheidet den Abfall aus, der ihm später, wenn du schneller läufst, bei der Zellatmung im Weg sein würde. Zusätzliche Lungenbläschen werden dafür aktiviert. Damit du es aushältst, so ungewohnt langsam zu laufen und gleichzeitig tief zu atmen, brauchst du Laufgelassenheit: Grüße an deinen Kopf!

Allmählich kannst du die Belastung ein wenig steigern. Höre dabei in dich hinein, und versuche zu spüren, was heute das Richtige für dich ist. Richte deine weiteren Entscheidungen nach diesen Gefühlen, zwinge dich nicht zu mehr, als an diesem Tag in dir steckt. Du kommst zwar durch das Einlaufen auf Betriebstemperatur, aber du bist keine Maschine. Natürlich ist das alles gemächlicher, als es vielfach üblich ist. Aber du wirst dich wohler fühlen, du wirst mehr erreichen können, und du senkst das Risiko, dich beim Laufen zu verletzen.

Dann laufen und laufen lassen

Jetzt bist du voll da. Wenn du dich richtig vorbereitet hast, kannst du jetzt schnell laufen, sehr schnell, und dennoch fühlst du dich wohl. Du spürst kaum mehr einen Kraftaufwand, es läuft einfach: Du kannst es laufen lassen.

Deine Laufentscheidungen fallen jetzt intuitiv und über deinen Kopf hinweg. Du wirst gut gelaunt sein – nenne das ruhig „Runner's high" –, und du heimst jetzt die Belohnungen dafür ein, dass du nicht *gegen* deinen Körper, sondern *mit* ihm unterwegs bist.

Das ist vollkommenes GENTLE RUNNING. Dabei ist es unerheblich, ob du einfach nur zum Vergnügen läufst, ob du dich für einen Wettbewerb vorbereitest oder ob du den Wettbewerb gerade läufst. Die Grundregeln für das gute Laufen ändern sich nicht. Wenn du in einem Wettbewerb bestehen und vielleicht auch gut abschneiden willst, musst du erst recht danach handeln. Dann fällt die gute Laufzeit sozusagen als Nebennutzen an, nicht als Folge einer unangenehmen Quälerei. Und wenn's ums pure Vergnügen geht, kannst du spielerisch deine Fähigkeiten fordern und ausbauen, indem du ein paar Mal ganz an deine Wohlfühlgrenze heranläufst und dich dann wieder zurückfallen lässt.

Fünf bis zehn Minuten langsam auslaufen

Auch das ist wichtig: Gegen Ende langsamer werden und am Schluss ein paar Schritte gehen – spiegelbildlich zum Einlaufen. Auch der Atem sollte beim letzten Schritt wieder ganz normal sein. Das Auslaufen ist nicht nur ein gleitendes Wiedergewöhnen des Körpers an ein ruhigeres Bewegen oder die bewegungsärmere Zeit danach; es dient auch als Vorbereitung für den nächsten Lauf. Der

Körper hat Gelegenheit, möglichst viele Schadstoffe, die sich beim Laufen angesammelt haben, auszuscheiden und sich zu erholen. Ein Muskelkater ist so viel unwahrscheinlicher als ohne diesen Rhythmus; ebenso die mehr oder weniger leichten Muskelschmerzen, die sich bei Läufern einstellen, die ihren Körper ständig überfordern. Die Pumpe für den Abtransport der Schadstoffe ist, neben der langsamen Laufbewegung, das bewusste tiefe Atmen. Das bringt die körpereigenen Transportsysteme in Schwung.

Das Ideal: Dreiviertel- oder eine ganze Laufstunde

Wenn du alle diese Phasen optimal durchziehen willst, dann wäre eine Stunde Zeit ideal. Fünf bis zehn Minuten für das Einlaufen, ebenso viele für das Auslaufen und an die vierzig Minuten für das Laufenlassen, das macht eine Stunde. Aber es geht wirklich auch mit weniger. So kannst du zum Beispiel alle Phasen halbieren, dann kommst du mit einer halben Stunde aus. Wenn du ein entwickelter Läufer bist und die Eingewöhnungszeit bereits hinter dir hast, dürfte das aber die Untergrenze sein. Dazwischen liegt die Dreiviertelstunde – eine ausgezeichnete Lösung.

GENTLE RUNNING-Demo: Liebe Gelenke ...

Lauf übertrieben beckenbetont und konzentriere dich dabei auf die zwei großen Gelenke zwischen Becken und Oberschenkeln. Du wirst spüren, wie sich die Gelenke weich über eine große Fläche drehen, richtiggehend „darüberschmieren“ und dadurch den Aufpralldruck auf dieser großen Fläche verteilen. Das schont die Gelenke und viele andere Körperteile.
Dann lauf zum Vergleich ohne Beckendrehung, also aus den Beinen heraus. Der Aufprall wird sich im Gelenk auf eine viel kleinere Fläche konzentrieren, was schlecht ist für das Gelenk. Schlecht aber auch für den ganzen Körper, weil auf diese Weise viel mehr Druck weitergegeben wird.

Der Atem gibt den Takt an

Ein Laufprogramm für Anfänger: Der Atem als Metronom

Wer etwas von Musik versteht, weiß, was ein Metronom ist: ein Gerät, das beim Lernen mancher Instrumente den Takt vorgibt. Bei diesem Laufprogramm für Anfänger verwenden wir ein eingebautes Metronom – unseren Atem.

Geh zuerst und bau eine gleichmäßige und ruhige Atemfrequenz auf. Dann lass dich vom goldenen Faden ganz langsam ins Einlaufen ziehen und behalte den Atemrhythmus bei, den ganzen Lauf hindurch. Der Atem ist dein Taktgeber.

Die eingebaute Pulsuhr

Immer mit dieser Atemfrequenz laufen, die ganze Strecke. So läufst du ganz präzise wie mit einer eingebauten Pulsuhr. Vielleicht wird das zuerst gar nicht so leicht sein, weil du versucht sein könntest, schneller zu laufen. Mach dich einfach frei davon, und halte deine Atemfrequenz gelassen ein. Und nicht vergessen: tief atmen! Wenn du diese Atemfrequenz hältst, bedeutet das aber nicht, dass du nach einiger Zeit nicht etwas schneller laufen darfst. Dein Körper wird nämlich so viel Sauerstoff bekommen, dass er mehr hergeben kann und will. Du kannst langsam an Schrittfrequenz, also an Schritten pro Atemzug, und damit an Geschwindigkeit zulegen; aber immer mit dem gleichen Atemtakt – nicht schneller atmen! Nach einiger Zeit wirst du vielleicht auch erfahren, dass es sehr reizvoll sein kann, dich über den Atem zu steuern. Das ist ein völlig stressfreies Laufen, ja ein Stress abbauendes Laufen; ein risikofreies Programm für Anfänger, aber auch für jene, die nur gelegentlich laufen.

Und ein Laufprogramm für Könner: Gefühl, Atem und Puls

Das Einlaufen ist bei allen gleich

Auch für den ambitionierten Läufer, egal, ob er an einem Wettbewerb teilnehmen will oder nicht, gilt: Das Einlaufen geht wie bei den Anfängern vor sich, und es ist vor allem atemgesteuert.
Auch der Könner bringt zunächst einmal seine Lunge in Schwung, daher vorerst langsam laufen und tief atmen. Nach einigen Minuten kannst du dann beginnen, etwas schneller zu werden. Jetzt aber ist nicht nur der Atem entscheidend, sondern auch dein Puls, den du entweder nach deinem Gefühl oder mit einer Pulsuhr kontrollierst. Weiterhin aber tief einatmen und möglichst vollständig ausatmen.

Und nach dem Einlaufen

Allmählich wirst du schneller, und natürlich wird die Atemfrequenz zunehmen. Aber bitte bei der Nasenatmung bleiben, nicht zur Mund-Keuch-Atmung übergehen! Wenn du die Nasenatmung richtig eingeübt hast, wird der Reflex zur Notatmung über den Mund ohnehin kaum mehr auftreten. Auch deine Pulsfrequenz wird nun steigen, bis zu einer Marke, die du nicht überschreiten solltest, weil du sonst in den anaeroben Bereich kommst. In diesem würde dein Körper nicht mehr genug Sauerstoff nachliefern können, und ab diesem Zeitpunkt würde das Laufen zum physischen Stress. Manche Läufer fühlen diese Schwelle herannahen, andere wieder behelfen sich mit einer Pulsuhr. Beides ist in Ordnung. Verwendest du eine Pulsuhr, so setze sie nicht als deinen Antreiber ein, sondern nur als Kontrollinstrument. Denk stets daran: Du bist der Chef – und niemand sonst!

Tempo machen

Bevor du dich aufs Tempomachen einlässt, solltest du GENTLE RUNNING einigermaßen verinnerlicht haben. Ist das der Fall, kannst du zwischendurch auch längere Schritte machen und schneller laufen. Das geht aber ganz anders als herkömmlich. Die großen Schritte liegen nicht vor dir, wodurch du jedes Mal abgebremst wirst (was deine Knochen überbelastet), sondern so wie die kleinen hinter dir. Die Füße kommen also nie vor dem Becken auf. Die entscheidende Bewegung ist dann folgende: Winkle deine Unterschenkel nach dem Abstoßen nach hinten hinauf ab. Je kleiner der Winkel zwischen den Unter- und den Oberschenkeln ist, desto schneller wirst du sein. Deine Beine werden so zu kürzeren und schneller pendelnden Hebeln; sie ziehen schneller unter dir durch. So erhöhst du ihre Frequenz, und deine Schritte werden schneller und länger.

Surya Namaskar! Grüß Gott, liebe Sonne! Eine Idee aus Indien

Damit kannst du das Laufen einleiten und abschließen. Und wenn du keine Lust oder keine Zeit zum Laufen hast, kannst du damit den Tag beginnen.

Zuerst sich vorbereiten und einlaufen

Nicht gleich losrennen

Wir sind es gewohnt, alles sofort zu tun und haben zu wollen. Das aber ist, wie bei jeder körperlichen oder geistigen Bewegung, auch beim Laufen kontraproduktiv. Körper und Geist reagieren freundlicher, wenn man das Laufen langsam aufbaut: wie ein gutes mehrgängiges Essen. Daher die dringende Empfehlung, sich stets auf das Laufen vorzubereiten, dann sich langsam einzulaufen und erst allmählich – von innen heraus gewollt – schneller zu werden. Das wäre ohnehin eher ein Laufenlassen, weil es eben von innen kommt. Dein Körper will es dann selbst. Aber wie geht dieses Vorbereiten? – Es gibt viele Möglichkeiten.

Vorher Stretching?

Manche konzentrieren sich ganz auf die Bedürfnisse der Laufmuskeln. Das gilt vor allem für das leicht aufwärmende Muskelstretching, das manche Läufer vor dem Laufen oder nach ein paar Minuten Einlaufen machen; oder noch häufiger nach dem Laufen. Wenn es dir gefällt, ist nichts dagegen einzuwenden. Es hat nur den Nachteil, dass es den Körper gedanklich in Stücke zerlegt. Dadurch wird es irgendwie zur Arbeit. Wir haben daher ein anderes Angebot: ganzheitliches Strecken und tiefes Atmen.

Eine Idee aus Indien

Wenn eine Katze vom Lager aufsteht, wärmt sie ihre Muskeln auf, indem sie sich streckt. Sie dehnt nicht einzelne Muskeln, sie streckt den ganzen Körper, also viele Muskeln gleichzeitig. Das erinnert an eine alte Yoga-Übung: an den Sonnengruß. Dieser ist ideal sowohl zur Einstimmung auf das Laufen als auch für danach, weil er ganzheitliches Strecken und tiefes rhythmisches Atmen verbindet. Er schenkt dir das, was andere durch das muskelmechanische Stretching zu erreichen suchen. Darüber hinaus durchflutet er dich mit Sauerstoff, und schließlich stimmt er dich auch noch mental ein.

Yoga für Läufer: Der Sonnengruß

Atmen und Dehnen

Der Sonnengruß besteht aus zwölf Beuge- und Streckstellungen. Diese gehen fließend ineinander über. Dabei wird der Rhythmus vom Atmen vorgegeben. Die ursprüngliche Heimat des Sonnengrußes ist Indien. In der Originalsprache Sanskrit heißt er Surya Namaskar, was so viel wie Sonne und Begrüßung bedeutet. In Indien wird er meist bei Sonnenaufgang der Sonne zugewendet ausgeführt. Das ist wohl nicht so leicht zu übertragen. Suche dir daher etwas anderes aus, wohin du dich gern wendest, am besten wohl ein offenes Fenster.
Du wirst einige Zeit brauchen, bis du den Sonnengruß so verinnerlicht hast, dass er geschmeidig abläuft und dich trägt. Das ist ganz normal. Nimm dir ruhig diese Zeit, nimm Unvollkommenheiten in Kauf. Diese werden verschwinden, und du wirst schließlich deinen eigenen Sonnengruß entwickeln. Es geht nicht um ein buchstabengetreues Nachmachen bis ins letzte Detail, sondern um den ganzheitlichen Nutzen.

Ein paar Minuten

Ein paar Minuten, nicht mehr, nimmt der Sonnengruß von deiner Zeit in Anspruch. Lass dich dabei von nichts und niemandem ablenken, sondern konzentriere dich ganz auf dich selbst – dann ist der Sonnengruß am schönsten. Bewege dich langsam, atme rhythmisch, natürlich immer durch die Nase. Immer tief einatmen

und vollständig ausatmen. Jeder Atemzug entspricht einer Sonnengruß-Stellung. Diese dauert ungefähr fünf Sekunden. Der Sonnengruß hat zwölf Stellungen, macht also eine Minute. Das ist bloß ein Orientierungswert: Das langsame und tiefe Atmen allein soll nämlich das Tempo bestimmen.
Wir empfehlen dir, jedes Mal ein paar Durchgänge hintereinander auszuführen.

Die zwölf Stellungen

1. Betstellung

Aufrecht stehen, Beine und Füße in geringem Abstand nebeneinander stellen, Handflächen vor der Brust aufeinander legen, vielleicht mit gespreizten Fingern, und gegeneinander drücken. Dabei langsam und tief ausatmen.

2. Hände zum Himmel

Langsam und tief einatmen. Gleichzeitig Arme und Hände nach außen rotieren lassen und aufwärts strecken, weit hinauf. Alle Bewegungen immer langsam und fließend ausführen, koordiniert mit dem Atmen. Beim nach oben Strecken den Körper leicht nach hinten beugen, so weit es eben angenehm ist – nicht weiter, aber du solltest eine leichte Dehnung spüren.

1 2 3 4

3. Hände zur Erde

Langsam und tief ausatmen. Den Körper über die Hüfte beugen, Hände zum Boden strecken und mit – das ist wichtig – leicht gebeugten Knien nach dem Boden greifen. Wenn du es ohne Druck schaffst, die Hände auf den Boden legen und den Kopf gegen oder auf die Knie. Die Gesamtbewegung soll aus der Hüfte und dem unteren Rücken kommen.

4. Gestreckte Kniebeuge

Wieder langsam und tief einatmen. Gleichzeitig in die Kniebeuge gehen, ein Bein leicht gebeugt möglichst weit nach hinten strecken und dabei das Knie den Boden berühren lassen; auch die Zehen nach hinten strecken. Das andere Bein bleibt im Unterschenkel einigermaßen senkrecht; Brust heraus, Kopf und Oberkörper leicht nach hinten strecken.

Wechsle das gestreckte Bein bei jedem Durchgang ab: Fang also am besten mit dem linken an; dann heißt es jedes Mal: ungerader Durchgang linkes Bein, gerader Durchgang rechtes Bein. Und immer wieder: Alle Bewegungen nur so weit ausführen, wie sie dir angenehm sind.

5

6

7

8

5. Den Berg machen

Langsam ausatmen, das vordere Bein jetzt auch nach hinten schieben, das hintere etwas nach vorn, bis beide Beine und Füße nebeneinander sind, und dann den Hintern heben. Der Kopf ist leicht nach vorn geneigt, und die Knie sind eher durchgedrückt. Fersen zur Dehnung der Wadenmuskeln Richtung Boden senken.

6. Acht-Glieder-Stellung

Diesmal wird der Atem angehalten! Daher dauert die Stellung auch nur kurz.

Der Körper geht nach unten, und er berührt schließlich mit acht Punkten den Boden: mit dem Kinn, der Brust, mit beiden Händen, den Knien und den Fußspitzen.

7. Die Kobra machen

Es wird wieder geatmet: Langsam Luft einziehen, immer per Zwerchfellatmung durch die Nase. Brust und Kopf mit den Rückenmuskeln anheben – nicht mit den Armen –, das ist wichtig! Die Wirbelsäule langsam strecken.

Nicht überdehnen!

9 10 11 12

8. Wieder der Berg

Langsam ausatmen und den Körper hinauf drücken, bis er wieder die fünfte Stellung erreicht.

9. Wieder Kniebeuge

Langsam einatmen. Das Bein, das schon vorher vorn war, vorziehen, bis du wieder in der gestreckten Kniebeuge bist.

10. Wieder Hände zur Erde

Langsam ausatmen, gleichzeitig das hintere Bein mit der Kraft des Beckens nach vorn ziehen und in Schulterweite neben das andere stellen. Jetzt sich halb aufrichten und den Körper wieder aus der Hüfte beugen, die Hände, so gut es geht, zum oder auf den Boden strecken. Knie leicht beugen.

11. Wieder Hände zum Himmel

Langsam einatmen und den Körper ebenso langsam aufrichten. Auch diese Bewegung mit dem Becken dirigieren; so rollst du dich richtig hinauf. Arme und Hände erheben wie bei der zweiten Stellung. Den Rücken sanft nach hinten beugen. Streck dich aber wieder nur so weit, wie es angenehm ist.

12. Und wieder die Betstellung

Langsam ausatmen, Arme sinken lassen und Handflächen wieder aufeinander legen. Die Lunge ganz leeren.
Das alles hat eine Minute gedauert. Der nächste Durchgang kann beginnen.

Vor dem Laufen und danach

Wenn du den Sonnengruß gewohnt bist und ihn entsprechend gut durchziehst, ist er ein Wunder an Einstimmung und Entspannung vor und nach dem Laufen. Mach die Übungen ganz bewusst, ohne äußere oder innere Ablenkung. Geh jedes Mal bis an die Grenze deines Wohlbehagens, aber nicht darüber hinaus; diese Grenze wird sich im Lauf der Zeit verschieben. Und natürlich immer durch die Nase atmen.

Eine vollkommene Übung

Der Sonnengruß ist Tausende von Jahren alt. Er massiert deine inneren Organe, er bewegt deine Wirbelsäule in alle möglichen guten Richtungen. Er löst Verkrampfungen des Brustkorbs, die das Bauchatmen behindern könnten. Er pflegt, dehnt und kräftigt viele Muskelgruppen. Er durchströmt dich mit Sauerstoff, stärkt deinen Kreislauf und ganz allgemein deine Vitalität.

Wims Tipp

Ein Sonnengruß immer und überall

Wenn du nicht laufen kannst, weil du keine Zeit hast oder keine Lust oder du irgendwo bist, wo es eben nicht geht: Den Sonnengruß kannst du immer machen. Er wurde in Indien ja nicht für das Laufen entwickelt, sondern als jederzeit einsetzbare Entspannungs- und Sauerstoffübung. Wenn du ihn gleich nach dem Aufstehen machst, was wir dir empfehlen, fang bitte langsam an; geh vielleicht vorher ein paar Lockerungsrunden im Zimmer.

Für manche Inder ist der Sonnengruß die einzige Körperübung, die sie machen; aber dann auch wesentlich öfter, als wir es hier vorschlagen.

Aufwärts und abwärts und bergwärts

Aufwärtslaufen und Abwärtslaufen ist viel leichter, als man denkt. Und ein Berglauf mit Fernsicht ist die Krönung.

Sauerstoffdusche

Langsames Aufwärtslaufen, mit tiefer Atmung und ohne Leistungsdruck, das ist ein echtes Sauerstoffvergnügen. Ohne besonderes Tempo bekommt der Körper, wenn es hinauf geht, so viel von diesem Lebensstoff, dass er richtig durchflutet wird. Und das bei sanften Schritten, ohne Gelenksbelastung. Ganz besonders wichtig ist vor dem Aufwärtslaufen das sorgfältige Aufwärmen.

Ein Geheimnis: Hinauf ist es am schönsten

Es geht viel leichter, als du meinst

Spaziergänger oder Wanderer, die du bergauf überholst, kommen bisweilen ins Schwitzen. Ihr Mitgefühl ist dir sicher, wie du ihren wohlmeinenden Bemerkungen entnehmen kannst: Sie glauben, du müsstest dich ganz besonders plagen. In Wahrheit gibt dir gerade eine Aufwärtsstrecke die Gelegenheit, mit wenig Anstrengung das Laufen ganz fein zu dosieren – so, wie du dich gerade fühlst.

Eingebaute Gangschaltung

Ja, in der Tat, eine solche besitzt du. Du kannst deine Schritte nämlich stufenlos verkürzen, bis sie ganz klein sind. Reduziere dabei nicht die Schrittfrequenz; diese bleibt annähernd gleich – wie bei einem sensibel gefahrenen Auto die Drehzahl des Motors. Verändere nur den Schritt: vom Normalmaß bis zu extrem kurzen Schritten. Wenn du willst, kannst du auf Zentimeter zurückgehen. Das ist dann dein kleinster Gang. Mit dem schaffst du mühelos jede Steigung, ohne heißzulaufen, oder geh dazwischen ein paar Meter.

Auf dem ganzen Fuß

Wenn es steil wird, kommst du mit den Fußballen auf. Dadurch wirst du verleitet, aus den Oberschenkeln zu laufen. Das kannst du verhindern, indem du die Fersen bei jedem Schritt aus dem Becken heraus nach unten drückst.

Wims Tipp

Stiegensteigen und Aufwärtsgehen

Normalerweise steigen wir Stiegen mühevoll: Wir heben die Beine und legen den Schwerpunkt nach hinten. Ganz besonders, wenn wir denken: o Gott, wie anstrengend! Das zieht uns dann noch weiter nach hinten, und es wird noch anstrengender.

Versuche einmal, den Schwerpunkt nach vorn zu legen, streck dich und schau hinauf. Vorlage wie bei GENTLE RUNNING, lass dich auch hier vom Faden ziehen. Damit du dir die Position besser vorstellen kannst, geh einige Schritte rückwärts die Stiegen hinunter: Jetzt wirst du plötzlich zur Sicherheit von selbst die Vorlage machen.

Genau so solltest du auch beim Hinaufgehen aussehen. Kopf nach vorn und leicht hinauf, Rumpf nach vorn, Beckeneinsatz. Wenn du dich auch noch mit den Füßen abstößt und dich größer machst, dann geht's am leichtesten, und du hast wenig Belastung auf den Knien. Außerdem übst du gleichzeitig das mühelose Laufen.

Übrigens: Was für das Treppensteigen richtig ist, gilt auch für das Aufwärtsgehen.

Keine Angst vor dem Abwärtslaufen

Anderer Laufstil

Viele haben Angst, abwärts zu laufen. Wegen der Gelenke. Aber dieses Problem ist durch eine Veränderung des Laufstils durchaus zu lösen, wobei es je nach Gefälle, Bodenbeschaffenheit sowie deiner augenblicklichen Lust und Laune mehrere Varianten gibt. Doch alle haben das Ziel, Druck von den Gelenken zu nehmen.

Kleiner Gang

Das ist die einfachste Lösung: Wie beim Aufwärtslaufen kannst du auch abwärts kleine Schritte machen, in der Normalfrequenz. Das schont deine Glieder. Diese Methode ist besonders günstig, wenn der Boden unberechenbar ist und du jederzeit in der Lage sein musst, rasch zu reagieren.

Hampeln

Auch hier wieder viele kleine Schritte, aber übertrieben locker. Arme und Beine durchschütteln, als wärst du ein Hampelmann. Diese Art der Bewegung eignet sich gut, wenn das Gelände steil, der Boden einigermaßen einschätzbar und die Distanz kürzer ist.

Übertriebenes Beckendrehen

Dadurch verteilt sich der Druck in den Gelenken auf große Flächen und wird besser absorbiert.

Schleichen

Mit langen, raumgreifenden Schritten mehr gleiten als laufen. Eine Art Laufgehen, also ausnahmsweise mit dem Schwerpunkt nach hinten und über die Fersen. Dabei gehst du andeutungsweise ein wenig in die Hocke, als wolltest du über rohe Eier gleiten, vorsichtig, aber doch eher flott.
Mit dieser Methode verringerst du im Kopf imaginär dein Gewicht. So kommst du schnell vorwärts, das schleichende Laufgehen ist daher gut für längere Abwärtsrouten. Doch wird deinen Beinen ein gewisser Krafteinsatz abverlangt.

Rudis Tipp

Rückwärts abwärts

In meiner Umgebung ist eine steile, hundert Meter lange und wenig befahrene Asphaltstraße. Diese tripple ich oft rückwärts hinunter, mit kleinen federnden Schritten. Federn aber nicht über die Achillessehne, sondern über das Fußgewölbe. Dieses Rückwärtstrippeln schont die Gelenke und kräftigt die entgegengesetzten Muskeln.

Einen Berg belaufen

Laufend einen Berg besteigen

Auf einen Berg laufen, das ist eine Mischung von allem: Aufwärtslaufen und Abwärtslaufen, und zwischendurch geht's auch ein wenig eben dahin.

Das Berglaufen ist ein echtes Erlebnis, eine läuferische Bergbesteigung sozusagen. Natürlich muss es nicht gleich ein Alpengipfel sein; ein Stück den Berg hinauf genügt. Aber ein paar hundert Höhenmeter sollten es schon sein, sagen wir dreihundert oder auch mehr. Ein besonderer Vorteil des Berglaufens ist, dass der tiefe Bewegungs- und Atemrhythmus länger anhalten kann und du ganz nebenbei ein prächtiges Naturerlebnis hast. Aber auch ein Leistungserlebnis, ohne dass du dich etwa schinden müsstest.

Tiefes Nasenatmen natürlich, das Tempo entsprechend einrichten, je nach der momentanen Steigung – das wird dir so viel Sauerstoff liefern, dass du wie selbstverständlich hinaufläufst und, oben angekommen, das Gefühl hast, es könnte ruhig noch weiter gehen.

Du wirst reich belohnt

Obwohl das Berglaufen auf Leute, die das nicht tun, wie verrückte Selbstquälerei wirkt, ist es genau das nicht. Viele Läufe in der Ebene sind anstrengender und brauchen mehr Kraft als das Berglaufen. Und dieses schenkt dir außerdem noch besonders viel Erholung. Du merkst das an deinem frischen Aussehen danach.

Und den Berg hinunter?

Natürlich kannst du mit einer Seilbahn hinunterfahren, wenn es eine gibt. Oder du lässt dich komfortabel mit dem Auto abholen. Wirklich notwendig ist das alles nicht. Mit einiger Übung wird das Abwärtslaufen für dich zur Gewohnheit, und du läufst dann den Berg genauso genussvoll hinunter wie hinauf. Du wirst dich bloß wundern, wie weit du hinaufgelaufen bist.

Ziel mit Ausguck

Nimm dir, wie beim Bergwandern, auch beim Berglaufen ein Ziel vor. Am besten einen Ort, der irgendwie auch ein logisches Ziel ist und von dem aus du möglichst weit und breit ins Tal blicken kannst. Hinunterschauen von oben ins weite Land, vom sicheren Ausguck aus alles unter Kontrolle haben, das befriedigt Urbedürfnisse.

Rudis Tipp

Lieber grüner Wald!

Ein ziemlich kitschiger Liebesbrief

Ganz gleich, ob du am Berg wächst oder im Tal: Danke, dass wir in dir laufen dürfen. Nicht nur, weil uns dein Boden so angenehm trägt. Was du uns gibst, geht viel tiefer als das gängige oberflächliche Lob deiner Oberfläche, für das wir uns eigentlich entschuldigen sollten, wertet es dich doch zu einem besseren Naturlaufband ab. Nein, wenn wir durch dich laufen, bekommen wir von dir – uns selbst. Wo können wir uns so schnell und so gut vom Alltagsstress lösen und mit uns selbst ins Reine kommen? Wo werden wir beim Laufen so ruhig und zufrieden, ja glücklich? Und wo ist uns das Wetter so egal wie unter deinem Schutz? Wenn die Sonne ihre Kraft ausspielt, kühlst du uns und unterhältst uns mit malerischen Lichtspielen zwischen den Bäumen und am Boden. Und wenn es regnet, dosierst du den Segen über unseren Häuptern und erfreust uns mit dampfenden Düften. Gar nicht zu reden vom Zwitschern der Vögel und den anderen kleinen und großen Tieren, die unseren Weg kreuzen.

Lieber grüner Wald, es ist schön, dass es dich gibt. Und dass wir in dir laufen dürfen.

Gutes und „schlechtes“ Laufwetter

„Ob's kalt is oder d' Sonn scheint, ob's regnet oder schneit, mei Schatzerl lauft morgen und gestern und heit.“
(Ganz neue Bauernregel)

Laufen ist fast immer schön

Schlechtes Wetter ist Ansichtssache

Es gibt kein schlechtes Wetter, sondern nur verschiedene Ansichten über das Wetter, verschiedene Empfindlichkeiten sowie gute und schlechte Wetterkleidung. Das ist die Variation eines bekannten Satzes. Wahr ist: Laufen kann fast immer schön sein. Wie sehr die Einschätzung des Wetters, etwa die Frage, ob man auch bei Kälte oder Schnee laufen soll, eine Kopfsache ist, zeigt sich beim Vergleich mit dem Schifahren oder dem Eislaufen. Hier ist klar, dass es bei jeder Winterwetterlage ausgeübt werden kann und dass es eben auf die Ausrüstung ankommt. Anders beim Laufen: Kälte und Schneefall halten viele davon ab; man bleibt lieber hinter dem Ofen.

Beim Laufen glüht dein eigener Ofen

Laufen wärmt besser als jede Kleidung. Die Erwärmung des Körpers von innen heraus ist wegen der vielen Muskeln, die in Bewegung sind, besonders gut gewährleistet. Die Körperheizung neigt zwar dazu, aus Rationalisierungsgründen die Extremitäten weniger zu versorgen – daher die kalten Füße –, aber beim Laufen fällt auch dieses Manko weg: Beine und Füße sind viel zu sehr in Bewegung, um auszukühlen. Alles, was bewegt wird, wird auch versorgt. Und auch die eingeatmete Luft wird durch die Nasenatmung so vorgewärmt, dass sie von den Bronchien gar nicht mehr als wirklich kalt empfunden wird. Ganz abgesehen davon, dass die Bronchien sich so stark verzweigen, dass auch kalte Luft, die durch den Mund eingeatmet würde, schnell angewärmt wird, wenn auch erst weiter unten. Bronchien können schließlich nicht vereisen. Also: Schlechtes Wetter ist Ansichtssache. Laufen kann man bei fast jedem Wetter.

Auch wenn es dir kalt vorkommt: Nicht zu warm anziehen

Frische Luft streichelt die Haut

Beim Einlaufen bist du noch vorgewärmt, und nachher heizt du dich selbst. Auch wenn es kalt ist, zieh also nicht zu viel an, vor allem auch nicht um den Oberkörper. Am ehesten kannst du noch Kopf und Hände schützen und bei größerer Kälte die Beine, vor allem die Unterschenkel und Knöchel. Bei Temperaturen zwischen fünf und fünfzehn Grad sieht man immer wieder Läufer, die völlig eingewickelt sind. Diese wissen gar nicht, was ihnen an Hautvergnügen entgeht. Klar, Mami hat Baby im Winter immer vermummt, und das vergisst man nicht. Mami hatte auch Recht, denn Baby hat sich kaum bewegt. Aber beim Laufen bewegst und heizt du dich!

Aus Amerika: Wind chill

Das subjektive Kälteempfinden ist anders

Vor allem hängt es auch vom Wind ab. Es genügt also nicht, am Thermometer festzustellen, dass es draußen fünf Grad Celsius hat. Ebenso wichtig ist der Wind. Beides zusammen verstärkt sich nämlich in deinem Temperaturgefühl. Wenn es windig ist, kommt beim Laufen mehr Luft auf deine Haut, und du verlierst mehr Wärme: Das ist der Wind chill. In Amerika gibt es dazu Tabellen. Hier ein Beispiel für Läufer:

Gemessene Lufttemperatur in Celsius-Graden		4	0	-4
Leichter Wind:	20 km/h	-4	-9	-14
Mäßig starker Wind:	35 km/h	-9	-15	-21
Kräftiger Wind:	50 km/h	-11	-17	-23

Lesebeispiel: Bei plus vier Grad und leichtem Wind empfindet unsere bloße Haut die Luft wie bei minus vier Grad.
Wenn du zu allen Jahreszeiten läufst, wirst du mit dem Wind chill ohne Tabellen umzugehen lernen.

Hitze und hohe Luftfeuchtigkeit können gefährlich werden

Schwül und heiß

Hier geht es um das Zusammenwirken von Hitze und Luftfeuchtigkeit. Bei feuchter Luft spüren wir die Hitze stärker als bei trockener. Das hängt damit zusammen, dass unser körpereigenes Kühlsystem nicht mehr so gut funktioniert, wenn es schwül ist. Bei hoher Luftfeuchtigkeit kann nämlich weniger Schweiß, also weniger Kühlflüssigkeit, verdunsten, als es notwendig wäre, um den Körper zu kühlen. Dadurch kann der Kreislauf überlastet werden.

Afrikaner sind's gewohnt – wir nicht

Wenn man in einer Gegend lebt, in der Hitze und hohe Luftfeuchtigkeit nicht selten sind, adaptiert sich der Körper, wie du vielleicht bei Reisen in tropische Länder an den Einheimischen schon beobachten konntest. Diese haben unter der Schwüle weniger gelitten als du. Zum Glück kommt dieses Wetter in unseren Breiten nicht so oft vor. Und zum Glück haben wir einen eingebauten Hemmmechanismus, wenn das Wetter so ist. Auch dafür hat man in Amerika Tabellen aufgestellt: den Heat index. Hier ein Beispiel für unsere Breiten:

Gemessene Lufttemperatur in Celsius-Graden	25	30	35
Luftfeuchtigkeit in %			
60	25	32	46
70	26	34	51
80	27	36	58

Lesebeispiel: 30 Grad empfinden wir bei 80 Prozent Luftfeuchtigkeit wie bei 36 Grad.

Es gibt schöne Regen

Und der Regen oder die Regen?

Leichte warme Sommerregen zum Beispiel; diese können sehr schön beim Laufen sein, ganz besonders, wenn kleine Schauer kommen und gehen; oder auch einmal ein plötzlicher Platzregen, der dich durchnässt – was soll's. Schön kann auch bloßes Nieseln sein, das hält dich frisch. Aber natürlich gibt es auch heftig peitschende Regen oder gar den tagelangen Schnürlregen, der dir die Lauflust schon austreiben kann.

Nass in den Schuhen?

Bei Regen oder Schneematsch: Macht gar nichts! Das Problem ist nur die Kopfsperre. Probier's auch aus! Nur nachher die Schuhe ausziehen und trocknen lassen.

Nur Kälte x Regen ist kein Laufsegen

Temperaturen knapp über dem Gefrierpunkt und Regen, womöglich auch noch stärkere Winde oder gar Sturm: Das kann unangenehm sein, vor allem, wenn dich die Kleidung nicht mehr schützt. Daher unbedingt Regenkleidung, wenn es kalt ist; ab einer Tem-

peratur von vielleicht fünf bis zehn Grad, je nach deiner Empfindlichkeit, auch für den Unterleib. Eine völlig durchnässte Tight bei fünf Grad ist zugegebenermaßen nichts Angenehmes: vor allem im Genitalbereich.
Schneefall ist viel weniger problematisch. Laufen bei Schneefall kann sogar schön sein.

Viermal grausliches Laufwetter

Ab dreißig Grad

Wenn sich die Temperatur der Dreißig-Grad-Marke nähert und die Luftfeuchtigkeit besonders hoch ist, solltest du die Laufschuhe lassen, wo sie sind.

Ab minus zehn Grad

Bei dieser Temperatur kann das Laufen eine Prüfung für die Muskeln sein, für die Gelenke und vor allem für die weniger durchbluteten und daher schlechter beheizten Bänder. In so einem Fall ist es besser, du ziehst dich winterlich warm an und machst eine Wanderung.

Bei stürmischem Wetter und Blitzen

Wenn du dich kaum auf dem Weg halten kannst, von herabfallenden Ästen oder Ziegeln oder gar vom Blitz bedroht bist, ist das auch nicht gerade das ideale Laufwetter.

Nach Flügen in andere Klimazonen

Es versteht sich von selbst, dass danach Vorsicht geboten ist.

Kunterbunte Tipps & Ideen

Vor dem Laufen, beim Laufen und danach

Tu was für deine Füße

Mit dem Fuß auf einem Tennisball herumrollen

Wenn wir so viel Kraft in die gute Behandlung unserer Füße investieren würden wie in die Entwicklung von Laufschuhen, dann könnten wir barfuß laufen. Unsere Füße sind eine tolle Konstruktion, sie dämpfen und federn den ganzen Körper. Dennoch sind sie einer der am wenigsten beachteten Körperteile. Kein Wunder, dass wir beim natürlichen Gebrauch oft Schwierigkeiten haben.

Mit den Füßen etwas aufheben

Einen Kugelschreiber oder ein Tuch, und dieses dann zusammenlegen.

Auf den Zehenspitzen laufen

Immer wieder zur Kräftigung und für ein besseres Abstoßen. Bei schwachen Zehenmuskeln hast du weniger Abdruck, und dein Schwerpunkt geht beim Laufen nach hinten.

Barfuß auf Zehenspitzen gehen

Das stärkt die Fußgewölbe, also deine natürliche Lauffederung. Umso weniger Dämpfung im Schuh brauchst du, und umso weniger wirst du zum Fersenlaufen verführt.

Barfuß auf Schotter

Wenn du einen Garten hast, kannst du dir eine kleine Schotterfläche anlegen und auf dieser nach dem Laufen eine oder zwei Minuten lang gehen. Das stärkt deine Füße, und du bekommst eine intensive und natürliche Massage deiner Fußreflexzonen.

Barfußrunden

Lauf auf einem Sportplatz ein paar Runden barfuß. Das ist gut für

die Füße, und du kannst dabei deine Laufbewegungen besonders gut schulen.
Wenn du es nicht gewohnt bist, barfuß zu laufen, begnüge dich zunächst mit einer Runde.

Hopserlauf

Der Sinn dieser Übung ist, dein Gefühl für den Geh-Punkt wach zu halten. Der Hopserlauf ist etwas aus der Welt der Kinder: Laufen und immer einen Zwischenschritt machen. Dadurch liegt der Hopserlauf irgendwo zwischen Laufen, Gehen und Springen. Die Bewegung übertreibt den mühelosen Laufstil: das Strecken der Beine und Großmachen des Körpers, das Wegdrücken vom Boden aus dem Fußgelenk. Schwerpunkt nach vorne.
Der Hopserlauf ist eine besonders gute Übung, um GENTLE RUNNING zu lernen. Mach ihn immer wieder, er dehnt auch die Waden. Und lass dich vom goldenen Faden ziehen.

Unebene Wege suchen

Am besten in Wald und Flur. Nicht immer nur auf ebenen Wegen dahintrotten. Laufwege, die sich ständig verändern, geben dir bewussten Kontakt zum Boden.
Du kannst auch auf deinen gewohnten Routen jedes Mal das Pflaster wechseln, dich also genauso verhalten, wie wir es normalerweise nicht tun. Das ist gut für deine Füße und verbessert deine Koordination. Natürlich musst du dabei den Boden beobachten. Aber bitte nur mit den Augen, nicht die Körperhaltung ändern, nicht gebeugt laufen.
Das beantwortet auch die Frage: Asphalt – ja oder nein? Wechseln ist das Beste für den Körper. Ausschließlich auf Waldboden zu laufen, wäre auch nicht bekömmlich.

Vor dem Laufen zum Aufwärmen

Kugellager drehen

Vor dem Sonnengruß im Stehen, beide Beine auf dem Boden, möglichst viele Gelenke kreisen lassen. Am besten mit den Fußgelenken beginnen; dann über die Knie, die Hüften, den Rücken, die Schultern, Ellenbogen und Handgelenke hinauf bis zum Kopf. Schließlich alle Gelenke in die Gegenrichtung drehen, diesmal von oben nach unten.

Beine schlenkern

Auf einem Fuß stehen, sich mit einer Hand irgendwo festhalten und zuerst das eine, dann das andere Bein vor und zurück schlenkern.

Körper drehen und Arme schlenkern

Diese Übung ist im Praxis-Kapitel (siehe Seite 74) beschrieben. Sie ist als Auflockerung zwischen den einzelnen Übungen gedacht, aber auch fürs Aufwärmen vor dem Laufen nützlich.

Den Sonnengruß variieren

Versteh den Sonnengruß nicht als ein Regelwerk, das bis ins Detail festgelegt ist. Das war er nie. Es ist durchaus sinnvoll, immer wieder Variationen einzubauen; so verhinderst du auch, dass er dir langweilig wird. Du kannst die erste, zweite und dritte Stellung mehrmals hintereinander machen, bevor du zur vierten übergehst, und du kannst die dritte doppelt oder dreimal ausführen. Oder beim Berg mehrmals durchatmen. Oder fast bei jeder Stellung zweimal durchatmen. – Beispiele, die dich anregen sollen.

Ausschütteln

Zottelige Hunde schütteln nach dem Strecken ihren ganzen Körper. Das kann nach dem Sonnengruß ganz angenehm sein. Schüttle dich kurz durch, und du lockerst dich. So fällst du noch leichter ins Laufen hinein.

Im Winter

Je kälter es ist, desto sorgfältiger sollst du dich aufwärmen.

Öfters anders laufen

Immer wieder deine Laufgewohnheiten durchbrechen und andere Muskeln belasten; nur kurz, aber häufig.
Beispiel: hohe Knie, hohe Fersen, seitlich laufen überkreuz, seitlich Füße anschlagen.

Unterwegs für Körper, Geist und Seele

Im Schneckentempo gehen

Geh mit ganz kleinen Schritten so langsam, wie du kannst, geradeaus. Du übst dadurch deinen Gleichgewichtssinn, und du wirst sehen, dass das gar nicht so einfach ist. Außerdem übst du deinen Bewegungssinn für den ganzen Körper und eine Art von dynamischer Entspannung: Im Schneckentempo gehen ist Meditation in der Bewegung, ähnlich den Praktiken des Zen.

In kurzen Laufpausen

Arme und Beine schlenkern wie beim Aufwärmen, Füße ausschütteln.

Erdkugellaufen

Stell dir vor, mit jedem Abdrücken vom Geh-Punkt drehst du die Erdkugel unter deinen Füßen weiter. Oder: Der Boden unter dir ist ein Trampolin; so kannst du mit weniger Kraft elegant abstoßen.

Farben sehen

Zur Abwechslung kannst du deine Aufmerksamkeit beim Laufen nur auf eine Farbe richten, zum Beispiel auf die Farbe Rot. So wirst du viel bemerken, was du sonst übersehen hättest. Du kannst das Gleiche auch mit Geräuschen probieren.

Zeitlos laufen

Wenn du einen freien Tag hast, probiere hin und wieder, ohne Uhr zu laufen. Wir sind es gewohnt, ständig mit und nach der Uhr zu leben und die Zeit einzuteilen, die Uhr diktiert den Tagesablauf. Wenn du ohne Uhr läufst, kannst du dich davon befreien und deinen subjektiven Zeitsinn wieder spüren. Das funktioniert am besten, wenn du in einer fremden Gegend läufst.

Sich treiben lassen

Du läufst in einer großen Stadt und lässt dich einfach treiben, ohne darauf zu achten, wie du zurückfindest. Das ist besonders gut für einen längeren Lauf. Solltest du dich verlaufen, brauchst du bloß ein wenig Geld für die Rückfahrt.

Noch besser atmen

Nasenatmung optimieren

Lauf einen Rhythmus, der dir liegt, zum Beispiel zweimal vier Schritte pro Atemzug. Erhöhe dann auf zweimal fünf und halte das eine Zeit lang durch. So wirst du noch tiefer atmen und deine Laufökonomie verbessern. In einiger Zeit könnte dein neuer Rhythmus auf dem höheren Niveau liegen.

Oder: Lauf deinen Atemrhythmus, behalte ihn bei, aber leg an Tempo zu, indem du kraftvoller abstößt. Lass dich einfach mehr vom goldenen Faden ziehen. Mach das aber nur, wenn du dich gut fühlst, es soll ja mühelos sein. Und wenn du genug hast, werde wieder langsamer. Auch das verbessert deine Laufökonomie.

Eine Rollübung auf dem Boden

Für Nacken und Rücken

Leg dich mit ausgestreckten Beinen flach auf den Rücken und konzentriere dich zuerst darauf, wie sich das anfühlt: vom Kopf und den Schulterblättern über die Lenden bis hinunter zu den Füßen.

Dann gib die rechte Hand von innen unter die linke Kniekehle und die linke unter das rechte Knie. Beide Arme gehen überkreuz. Jetzt roll auf dem Rücken langsam hin und her. Knie auseinander, aber nur so viel rollen, dass du nicht auf die Seite fällst. Wechsle die Hände und versuche, ohne besondere Kraft ganz zur Seite zu kommen und wieder zurück. Nach einiger Zeit wieder flach liegen. Registriere jetzt, wie sich dein Liegegefühl verändert hat. Du müsstest jetzt gleichmäßiger, also flacher am Boden liegen.
Nimm dir für diese Übung Zeit, führe sie langsam aus, sodass du deinen Körper spürst. Bald wirst du sie mögen. Sie lockert deinen Nacken und streckt deine Rückenmuskeln. Die Übung ist auch deshalb gut für GENTLE RUNNING, weil du dich bald in der Vorlage besser strecken kannst.

Aqua-Jogging ···>

Laufen im tiefen Wasser

Nicht etwa im knöchel- oder knietiefen Wasser mit viel Gespritze, sondern bis zum Hals ins Wasser eingetaucht und ohne Boden. Der Körper schwebt senkrecht, Arme, Beine und eine Vielzahl von Muskeln machen die Bewegung. Damit das möglich ist, zieht der Aqua-Jogger einen speziellen Gürtel an, oder noch besser: eine Weste aus einem Material mit vielen winzigen Luftbläschen. Dadurch erhält er den notwendigen Auftrieb, und er kann sich senkrecht halten.

Langsames Cruisen

Du musst dich daran gewöhnen, dass es sehr langsam vorwärts geht. Dafür kannst du stundenlang im Wasser sein und durch die Gegend schweben. Da Aqua-Jogging kaum bekannt ist, wirst du verwunderte Blicke ernten. Deine Mitmenschen sind erstaunt, ihre Reaktionen bewegen sich zwischen neugieriger Zuwendung und Mitleid mit dem vermeintlichen Nichtschwimmer. Aber so ähnlich war es vor fünfundzwanzig Jahren bei den ersten Land-Joggern auch. Als Aqua-Jogger kannst du wieder ein Pionier sein.

Laufen dokumentieren

Und zwar durch Eintragung im Kalender. Das gibt dir eine gewisse Übersicht und motiviert dich. Führe aber keine komplizierte Laufbuchhaltung. Wenn du es dennoch tust, irgendwann wirst du's wieder sein lassen. Schreib dir besser deine guten Laufeinfälle auf.

Leichter durch die Nase atmen

Wenn deine Nase beim Atmen gern ein wenig zumacht, probiere eine Kur mit Sesamöl. Tauche ein Wattestäbchen in kaltgepresstes Sesamöl, befeuchte damit das Innere der Nase und schnupfe das Öl auf. Du kannst das am Abend, am Morgen oder vor dem Laufen machen. Kokosnussöl soll's auch tun. Und die Nase innen regelmäßig mit Wasser waschen, das hilft auch.

Gegen trockenen Mund beim Laufen

Einen Kirschkern oder einen Olivenkern lutschen regt den Speichel an. Gutes Nasenatmen beugt auch vor.

Gegen unangenehmes Gefühl in den Händen

Die Afrikaner nehmen etwas in die Hände beim Laufen, zum Beispiel einen Stein oder einen Baumzapfen, und spielen damit. So kommen sie auch in einen unmittelbaren Tastkontakt mit der Natur.

Laufspurkontrolle

Ökonomisch läufst du, wenn deine Fußspur eine gerade Linie ist. Du kannst dies auf einem Sandstrand oder auf einer taunassen Wiese überprüfen. Wenn sie schnurgerade ist wie eine Perlenkette, dann weißt du, dass du seitwärts keine Energie vergeudest.

Laufstilcheck

In großen Schaufenstern oder mit einem Laufband vor einem Spiegel.

Pinkelprobe

Wir trinken zu wenig. Je dunkler der Urin ist, desto dringender brauchst du Flüssigkeit.

Hautpflege ⋯ **Blasen an den Füßen**

Durch die Reibung der Haut am Schuh kann sich Gewebsflüssigkeit unter der Oberhaut sammeln. Das kann weh tun oder auch nicht. Ist Letzteres der Fall, dann am besten nichts unternehmen. Tut es aber weh, musst du die Umgebung der schmerzenden Stelle mit Alkohol oder Jod desinfizieren, eine Nadel sterilisieren, indem du sie in Alkohol eintauchst oder über eine nicht rußende Flamme hältst, die Blase vorsichtig aufstechen und die Flüssigkeit sanft heraus drücken. Die abgehobene Oberhaut zunächst nicht entfernen. Sie schützt die darunter liegende zarte neue Haut, die sich noch entwickeln muss. Nach dem Ausdrücken die Stelle wieder desinfizieren und mit einem dünnen und sterilen Blasenpflaster abdecken.

Wenn du geschickt bist, wäre es am besten, die Blase von der Seite durch die oberste Schicht der nicht abgehobenen Haut aufzustechen und auszudrücken; sie verschwindet dann sofort, ohne die Haut zu verletzen. Hast du eine empfindliche Haut, so schmiere deine Füße vor dem Laufen jedes Mal ein.

Kürzer treten ⋯ **Wir brauchen Bewegung und Ruhe**

Doch gibt es Eifrige, die am liebsten an jedem Tag des Jahres laufen würden. Das wäre sicher zu viel: Laufen soll ja keine Pflicht, sondern ein Bedürfnis sein. Dein Körper sagt dir dann, wann er es braucht. Er sagt dir auch, dass du nicht laufen sollst bei Verkühlung, Fieber, Muskelschmerzen, Kopfweh, wirklich akutem Lebens- oder Berufsstress, Schlafdefizit und zu viel Alkohol am Vorabend. Das kann dich überbeanspruchen. Folge deinem authentischen Gefühl, nicht einem Pflichtgefühl. Und natürlich gibt es neben dem Laufen auch noch andere Möglichkeiten, dich ausdauernd zu bewegen. Ich denke dabei an Schwimmen, Radfahren und im Winter Langlaufen.

Ein ewiges Läuferthema – und ein fruchtloses

⋮··· **Angst vor Hunden?**

Was dagegen tun? Obrigkeitsgläubige gehen zur Polizei, Beherzte starten Gegenangriffe, und Überängstliche haben gar einen Pfefferspray dabei. Probleme können vor allem Läufer haben, die nichts von Hunden verstehen. Und am besten geht es jenen, deren Laufpartner ein Hund ist. Dieser lenkt alle Aufmerksamkeit auf sich. Allerdings musst du immer wieder stehen bleiben und warten, bis er fertig geschnüffelt hat, und da und dort musst du ihn wohl an die Leine nehmen. Aber das Schönste ist: Er motiviert dich zum Laufen. Wenn er auf eine bestimmte Zeit konditioniert ist, bringt er dir sogar die Laufschuhe. Außerdem ist er ein läuferisches Vorbild.

Statt Arbeitsessen

⋮··· **Arbeitsjogging**

So nennen Menschen in Kommunikationsberufen ihre Treffen, bei denen nicht nur gegessen wird, sondern auch Geschäfte besprochen werden, weil das beim Essen eben leichter geht.
So etwas Ähnliches gibt es auch beim Laufen. Vielleicht nicht gerade mit Geschäftspartnern, wohl aber, wenn zwei Bürokollegen, die beide gerne laufen und das aneinander auch schätzen, bei ihren Läufen gemeinsam Probleme wälzen und lösen. So können sie einander näher kommen, vor allem aber ihre Blockaden im Büro zurücklassen und kreativ werden.

Gentle Running EXTRA

Fantastische Fun runs aus Wims Jugend in Neuseeland

Ball kicking runs
Ein Ball wird mit den Füßen getreten und darf nicht verloren gehen.

Pine cone tossing runs
Reihum werfen und fangen die Läufer einen Baumzapfen.

Tennis ball runs
Das Gleiche mit einem Tennisball.

Fun race runs
Bis zu einem spontanen Zwischenziel wie in einem Wettbewerb laufen.

Against the wind runs
An einem windigen Tag bewusst den Gegenwind suchen.

Bare foot runs
Klar, barfuß.

Strawberry runs
Zwischendurch ein paar Beeren suchen und essen.

Splashing water runs
Am Strand durch knöcheltiefes Wasser laufen und ordentlich spritzen.

Deep water runs
Im tieferen Wasser laufen.

Sand dune runs
Am Strand mit Tempo über die Sanddünen auf und ab laufen und natürlich immer wieder hinfallen.

Pushing guys in the bushes runs
Beim Laufen den anderen Rempler verpassen.

Mud runs
Durch Dreck laufen.

Throwing mud runs
Durch Dreck laufen und die anderen etwas davon abkriegen lassen.

Rain runs
Im Regen laufen, natürlich ohne Regenschutz.

Full moon runs
Laufen in einer wolkenlosen Vollmondnacht.

Midnight runs
Laufen um Mitternacht – mit oder ohne Mond.

Sunday runs
Sich einmal sehr viel Zeit nehmen und lange laufen, mit oder ohne Pausen. So, als ob es kein Ende hätte.

Golfcourse runs
Über wunderschöne grüne Golfplätze laufen.

Philosophy runs
Ein unlösbares Problem wird beim Laufen diskutiert und natürlich wie nichts gelöst. Siehe Kreativität.

Blind runs
Mit geschlossenen Augen über einen Sportplatz laufen. Wer fünfzig Schritte einigermaßen gerade bleibt, ist schon sehr gut.

Blind runs with helping hand

Einer läuft mit geschlossenen Augen, der andere führt ihn mit der Hand oder mit Worten.

New year's day run

Am Neujahrstag im neuseeländischen Sommer ein besonders verrückter Eröffnungslauf, zum Beispiel in Maskerade.

Sich täglich betrinken: Mit Wasser und ein wenig Fruchtsaft

Wir trinken zu wenig. Und das Durstgefühl ist unzuverlässig. Am besten ist es, Trinken im Kopf zur Gewohnheit zu machen.

Trinken hält jung und frisch und schön

Zwei bis drei Liter

Das wissen wir eigentlich alle. Aber dennoch trinken wir zu wenig. Zwei bis drei Liter Wasser braucht der Mensch täglich als Getränk oder als Nahrungsbestandteil. Schließlich bestehen wir zu zwei Dritteln aus Wasser. Und wir verlieren ständig Wasser: über die Nieren, die Haut und den Atem; beim Laufen noch mehr als im Ruhezustand.

Das Wasser in uns

Wir benötigen das Wasser aus mehreren Gründen: als Transportmittel, als Kühlmittel und als Baustoff. Gerade die aktiven Muskelzellen, die wir beim Laufen einsetzen, enthalten besonders viel Wasser und brauchen daher bei der Bewegung entsprechenden Nachschub. Bei Wassermangel wird das Blut dickflüssiger und seine Transportleistung schwerfälliger. Weniger Sauerstoff und weniger Nährstoffe werden herangeschafft, Schadstoffe und Überschusswärme schlechter entsorgt. Ein halber Liter Wasser ist schnell ausgeschwitzt. Und ab einem ganzen Liter oder eineinhalb beginnt der Körper langsam zu reagieren. Die Kräfte lassen nach, und wegen der verminderten Kühlung beginnt die Körpertemperatur zu steigen. Dehydration nennt man das, Muskelkrämpfe können die Folge sein. Und wenn es sehr fortschreitet, kann es sogar lebensbedrohlich werden. Zumindest aber ist es gesundheitsschädlich.

Die ständige Unterversorgung des Körpers mit Flüssigkeit ist übrigens eine der Hauptursachen für Nierensteine. Und nachlassende Gehirnleistungen sollen auch damit zusammenhängen.

Sagt es der Durst? ···>

Ja und nein

Natürlich ist der Durst ein Zeichen für Flüssigkeitsmangel im Körper, wenn auch ein unzuverlässiges. Denn er meldet sich erst, wenn das Problem schon da ist – und damit auch der Schaden; jedenfalls in einem Anfangsstadium.

Beim Laufen kann dann noch eine Art Psychobarriere hinzukommen: Hat der Läufer, was eher üblich ist, kein Getränk bei sich, neigt er dazu, das aufkommende Durstgefühl zu verdrängen. Dieses signalisiert ihm ein Problem, das er jetzt nicht lösen kann. Er will aber durchhalten, also wird das Signal in seiner Bedeutung nach hinten gereiht.

Davon abgesehen, ist das Durstgefühl aber auch objektiv unzuverlässig. Es wird nämlich nicht einfach durch Wassermangel ausgelöst, sondern durch einen zu hohen Natriumgehalt im Blut. Und das funktioniert offenbar nicht einwandfrei, vor allem bei Kindern und älteren Menschen. Bei diesen ist das Durstgefühl oft unterentwickelt.

Trinken lernen

Das Fazit aus diesen Erkenntnissen kann nur lauten: regelmäßig trinken und diese Regelmäßigkeit einüben, damit sie wirklich verinnerlicht wird. Trinken muss ganz systematisch zur Gewohnheit gemacht werden. Du solltest es dir anerziehen.
Endlich eine Gewohnheit, die nur nützlich sein kann.

Trinke den ganzen Tag über

Wann trinken und wie viel?

Nimm alle ein bis zwei Stunden ein Glas Flüssigkeit zu dir. Du verlierst ständig Wasser, also musst du es auch ständig ersetzen; möglichst stetig und nicht stoßweise. Jedes Mal so viel, dass mit Sicherheit das Durstgefühl weg ist, und dann noch ein paar Schluck mehr. Jahreszeit und Klima spielen auch noch eine Rolle. Und dann natürlich dein Tagesprogramm.

Rudis Tipp

Morgentrinker

Gewöhne dir an, schon am Morgen, gleich nach dem Aufstehen, Tee oder Wasser zu trinken. In kleinen Abständen vor der Morgenreinigung und vielleicht auch während dieser mindestens einen halben Liter oder noch besser: einen ganzen. So viel hast du nämlich beim Schlafen ausgeschwitzt. Allerdings, Kaffee und mit Abstand auch schwarzer Tee sind für den Körper keine Flüssigkeitslieferanten, sondern Verbraucher. Sie sind Genussmittel.
Übrigens, ganz unter uns: Wenn du am Vorabend promillig unterwegs warst, trinke am Morgen das Doppelte. Dein Körper braucht dann besonders viel Wasser, um dich wieder zu sanieren.

Laufen und Trinken

Mehr trinken

Zuerst einmal vor dem Laufen, am besten schon eine Stunde, bevor du damit beginnst, einen halben bis einen ganzen Liter langsam trinken. Die Menge ausprobieren: Wie viel dir zuträglich ist, hängt auch von deinem Magen ab. Wenn du ihn durch eine plötzliche Flüssigkeitszufuhr überforderst, kann das darin wallende Wasser beim Laufen unangenehm sein.
Nach dem Laufen gleich wieder trinken.

Auch unterwegs trinken?

Wenn du mehr als eine Stunde läufst, wäre es gut, auf der Strecke zu trinken, sofern es dort frisches Wasser gibt; sonst greifst du eben auf das mitgeführte Getränk zurück. Für Letzteres gibt es alle möglichen mehr oder weniger unpraktischen Ausrüstungen.
Am wenigsten unpraktisch ist wohl der Gürtel mit den kleinen Fläschchen. Er hält ganz gut am Körper, und man kann jedes Fläschchen auf einmal austrinken; es schwabbelt also kein restliches Wasser beim Weiterlaufen, wie das bei den größeren Umbindeflaschen der Fall ist. Und man kann, wenn man will, in die einzelnen Fläschchen unterschiedliche Getränke füllen.

Aber was trinken?

Am besten ist gutes, mineralhaltiges Wasser entweder aus deinem Wasserhahn oder – wenn das Wasser in deiner Gegend nicht so gut ist – aus der Flasche. Dann aber unbedingt ohne Kohlensäure, einfach natürliches Mineralwasser. Wenn du es genau nehmen willst, achte vor allem auf einen vergleichsweise hohen Gehalt an Kalzium, Magnesium, Kalium und Natrium.

Empfehlenswert ist es, das Wasser mit einem Schuss Fruchtsaft zu mischen oder ein kleines Stück Zucker hinzuzugeben. Das kann dir geschmacklich entgegenkommen, und es hat den Vorteil, dass die Flüssigkeit vom Körper schneller absorbiert wird. Aber Achtung: Zu viel Süße kann den gegenteiligen Effekt erzielen! Also auch keine Limonaden nehmen.

Obwohl gutes Wasser durchaus genügt, kann es auch aus einem anderen Grund sinnvoll sein, dir eine oder mehrere Lieblingsmischungen zu mixen: Du trinkst dann lieber. Dein Leibgetränk regt dich zur Flüssigkeitsaufnahme an.

Laufen und essen und abnehmen?

„Essen und trinken hält Leib und Seel' z'samm"
(Unvollständige alpenländische Volksweisheit:
Da fehlt doch was?!)

Wir wollen nicht auch noch ein Kochbuch schreiben

Die Kochbuchinflation. Wir fassen uns kurz

Das zehntausendste oder so. Es gibt genug zu lesen in Büchern, Zeitschriften und Zeitungen, zu hören im Radio, zu sehen im TV und zu erfahren im Internet über das richtige und das falsche Essen. Viele mehr oder weniger sinnlose Diäten werden angepriesen. Vergiss diese, wenn du gesund bist und alles essen kannst, und orientiere dich nur an ein paar fundamentalen Ratschlägen. Die meisten wirst du wahrscheinlich kennen, wie zum Beispiel das Lob des mediterranen Essens: frisches Gemüse, Pasta, Fisch, Olivenöl; und nicht alles eintopfartig durcheinander, sondern eher hintereinander. Oder die alte chinesische Regel, dass man ein opulentes Abendessen besser seinem größten Feind überlassen soll. Oder die Vollwertempfehlungen. Oder, oder, oder.

Viele laufen, weil sie abnehmen wollen

Schlank durch Laufen?

Das geht schon irgendwie. Aber das Laufen ist kein Vodoo-Zauber, der dies herbeiführt ohne Rücksicht auf gesunde und vernünftige Ernährung. Und wer zu laufen anfängt, bloß um abzunehmen, wird auch aus mentalen Gründen nicht weit kommen, weil ihm das Laufen selbst im Grunde keine Freude macht. Es wird zum Pflichtlaufen, das ungefähr so lustvoll ist wie die letzte Diät. So stellen sich keine raschen Erfolge ein. Und wie das alles ausgehen wird, lässt sich voraussagen.

Frage an
GENTLE RUNNING

„Halt, wie ist das mit dem Abnehmen und dem Laufen genau? Mehr Information bitte!"

Der Körper muss Abnehmen erst lernen

Gut, wir wollten das eigentlich nicht so in den Vordergrund rücken, weil es uns um das Wohlfühlen an sich geht. Schlank sein kann dazugehören, muss aber nicht. Wegen des großen Interesses sei hier aber doch einiges zum Verhältnis von Abnehmen und Laufen gesagt.

Die zentrale Aussage lautet: Laufen kann beim Abnehmen hilfreich sein. Aber du solltest eher langsam laufen, weil so vor allem Fett verbrannt wird. Anfänger brauchen jedoch Zeit zur Umstellung. Wer sich körperlich kaum bewegt hat, verbrennt nämlich beim Laufen zunächst einmal fast kein Fett. Fett zu verbrennen, muss der Körper erst lernen. Und das geschieht am besten durch langsames Laufen, viel weniger zum Beispiel durch Tennis, weil bei dieser Sportart nicht Ausdauer erreicht wird, sondern die Fähigkeit zu plötzlichen Kurzleistungen.

Keine Wunder erwarten

Aber selbst wenn du dann eingelaufen bist, ist Laufen kein rasch wirkendes Wundermittel, um abzunehmen. Durch eine Stunde Laufen verbrauchst du an die fünfhundert (Kilo-)Kalorien. Das entspricht gerade mal einer kleinen Jause, bestehend aus einem Wurstbrot und einem Glas Bier oder Limonade. Ein Kilo Körperfett aber speichert ungefähr siebentausend Kalorien. Um diese zu verbrennen, also in Bewegungsenergie umzusetzen, müsstest du vierzehn Stunden durchlaufen. Das ist wohl weder möglich noch sinnvoll. Wenn du jedoch zwei Wochen lang jeden Tag eine Stunde läufst oder einen Monat lang jeden zweiten Tag, dann hast du dieses Kilo Speck „verlaufen". Aber das auch nur, wenn du dich beim Essen und Kalorientrinken zurückhältst. Der Körper verbraucht nämlich vernünftigerweise zuerst die neuen Lieferungen, bevor er auf seine Depots zurückgreift. Diese hat er sich ja für schlechte Zeiten angelegt.

Aber Laufen hilft!

Durch das Laufen werden also Kalorien verbrannt, aber es dauert. Darüber hinaus hilft dir Laufen noch auf einem zweiten Weg beim Abnehmen: über das Insulin. Laufen senkt nämlich den Insulinspiegel. Das beugt der Zuckerkrankheit vor, und es stillt den Hunger. Viel Insulin verarbeitet Blutzucker in Richtung Fettdepots, und dann meldet sich wegen des gesunkenen Zuckerspiegels gleich wieder der Hunger. Wer läuft, hat also auch durch die Insulinregulierung weniger überflüssige Hungergefühle.

Und schließlich noch ein dritter Einfluss: Mindestens ebenso wichtig wie das direkte Kalorienverbrennen durch das Laufen ist die indirekte Wirkung auf die Kalorienzufuhr. Wenn du dich wohler fühlst, schaffst du es leichter, dich vernünftig zu ernähren. Lustessen, nicht Frustessen ist angesagt! Und das hilft beim Abnehmen und Schlankbleiben mehr als das Laufen selbst.

Schlankschlemmer Michel Montignac

Schlank werden und es bleiben muss nicht freudlos sein, hat uns der Franzose Michel Montignac beigebracht. Monsieur Montignac isst gern gut, und er liebt zum Essen Wein. So wurde er dick. Und weil er wieder schlank werden wollte, hat er eine Methode entwickelt, die es ihm erlaubt, weiterhin gut zu essen und zu trinken und dennoch wieder schlank zu werden und zu bleiben.

Das Wesentliche der Montignac-Methode besteht darin, Lebensmittel nach ihrem Gehalt an Kohlenhydraten zu bewerten und bei der Zusammenstellung der Speisen darauf Rücksicht zu nehmen. Die Ergebnisse sind verblüffend wirksam. Das ist vor allem darauf zurückzuführen, dass jene Kohlenhydrate, die den Blutzucker und den Insulinspiegel hinauftreiben, so gut es geht, gestrichen werden. Also eine Art neue, wissenschaftlich durchargumentierte Trennkost. Sie wirkt, ohne die Freude am guten Essen einzuschränken. So etwas konnte wahrscheinlich nur ein Franzose entwickeln. Michel Montignac ermöglicht es, mit Genuss zu laufen, also ohne frustrierende Kalorienschinderei, und mit Genuss zu essen und dazu guten Wein zu trinken.

Er bietet viele Rezepte an. Hat man aber seine Methode einmal verstanden, ist man darauf nicht mehr angewiesen. Man kann dann alles Mögliche selbst kombinieren.

Hier einige Beispiele:

- Ein leichtes Menü: Salat mit gerösteten Sonnenblumenkernen und einem pochierten Ei + Forelle gebraten mit Blattspinat + Käse

- Etwas Traditionelleres: Rindsuppe mit Gemüseeinlage + Braten mit Sauerkraut + Schoko-Mousse

- Die geliebte Pasta: Salat mit Joghurtdressing + italienische Spaghetti mit Zucchini + Magerjoghurt mit Beeren

- Oder etwas mit Schinken: Parmaschinken mit Melone + Spinat mit Feta aus dem Wok + Mousse aus Dörrpflaumen und Sauerrahm

- Eine kräftige Jause: Wurst, Käse, Eier, Rettich und anderes Gemüse; das alles in Mengen, aber ohne Brot

- Eine zarte Jause, aber mit Brot: Vollkornbrot mit Magertopfen und Kräutern oder magerem Frischkäse, Rettich usw.

Es gibt mehrere Bücher von Montignac, die alles genau erklären.

Musi

Aller Anfang ist ...? Nein, nicht wirklich!

Mit dem Laufen anfangen heißt Regelmäßigkeit aufbauen. Das ist am Beginn das Wichtigste. Das Zweitwichtigste ist, klein anzufangen. Nach ein paar Wochen wächst dann die Lust am Laufen.

Lehrsätze

Isaac Newton, Friedrich Nietzsche und Archimedes

„Jeder Körper verharrt im Zustand der Ruhe, solange keine Kräfte auf ihn einwirken", so lautet das erste Newton'sche Trägheitsgesetz. Das gilt auch für das Laufen und das Nichtlaufen. Es ist nicht leicht, den sitzenden Lebensstil, der so bequem ist, einfach aufzugeben. Es ist der Einstieg, den es erst einmal zu schaffen gilt. So war es auch beim Schreiben dieses Buches. Der Anfang ist das Schwierigste. Wenn du einmal drin bist, geht es bald leichter. Und irgendwann hast du es geschafft. Fast! Denn ist die große Kraft des Einstiegs, der erste Schwung verbraucht, wird es noch einmal gefährlich. Mehr und mehr wirst du aber dann die Veränderungen in dir und an dir spüren. Es wird immer leichter gehen und schließlich zum Bedürfnis werden. Für dich gilt dann die zweite Hälfte des Newton'schen Gesetzes: „Ein Körper in Bewegung bleibt in Bewegung."

Ob Newton selbst auch gelaufen ist, wissen wir nicht. Aber ein anderer Großer, Friedrich Nietzsche, soll gelaufen sein. In der Schweiz, und natürlich im Loden. Und zweitausend Jahre vorher ist sogar Archimedes gelaufen – nackt durch Syrakus.

Regelmäßig laufen: Das ist besonders wichtig

Dreimal +

Das bedeutet vor allem, dass eine gewisse Mindestfrequenz eingehalten wird: Mindestens zweimal in der Woche, besser dreimal, solltest du laufen. Und noch besser: dreimal +.

Am Anfang wirst du dich einteilen müssen. Freilich, manche laufen

jeden Tag. Das muss nicht sein, und vielleicht ist das auch gar nicht zuträglich. Der Körper braucht auch Ruhepausen. Aber eine gewisse Regelmäßigkeit ist notwendig, um den Körper auf das Laufen einzustellen, es zur Gewohnheit zu machen. Das ist die Voraussetzung dafür, dass sich die Lust am Laufen entwickeln kann. Schon nach ein paar Wochen beginnt sie sich zu regen. Und mehr und mehr wirst du dann das Laufen brauchen.
Es ist wieder da, das Urbedürfnis.

Morgenstund' hat Gold im Mund, Silber der Abend

Aktives Erwachen

Eine uralte Weisheit ist dieser Spruch. Aber auch Untersuchungen der menschlichen Leistungsbereitschaft sowie viele persönliche Erfahrungen bestätigen: Der Morgen ist die beste Zeit zum Laufen; auch wenn du dazu früher aufstehen musst. Am Morgen laufen, das gibt dir Schwung für den ganzen Tag. Wenn Probleme vor dir liegen – der Morgenlauf kann sie kleiner machen und dir helfen, Lösungen zu finden. So ein sinnvolles Morgenritual betrifft uns auf allen Lebensebenen: aktives Erwachen, bevor wir in den Alltag versinken. Dazu muss man sich aber Zeit nehmen. Fernöstliche Kulturen sagen, dass die Zeit um den Sonnenaufgang energetisch am meisten aufgeladen sei.

Der Abend hält fast mit

Der frühe Abend, so um achtzehn Uhr herum, ist fast genauso gut wie der Morgen. Beim Abendlauf kannst du den Tag verdauen und dich von störenden Erinnerungen befreien, frei werden für die letzten Stunden des Tages. Ein Nachteil ist, dass du dich nach einem anstrengenden Arbeitstag vielleicht überwinden musst.

Blech für Mittag und Nachmittag

Mittag und Nachmittag sind weniger geeignet

Befragungen haben ergeben, dass von vier Anfängern bzw. leicht Fortgeschrittenen, die am Morgen unterwegs sind, nach einem Jahr drei immer noch laufen, während von vier Mittagsbeginnern nach einem Jahr nur noch einer dabei ist. Das hängt wohl mit dem Biorhythmus des Menschen zusammen: Die Kurve ist am Morgen und am Abend oben und dazwischen deutlich unten.

Ob am Morgen oder am Abend oder nur am Wochenende: Lauf also regelmäßig. Das setzt eine wichtige Umorganisation in deinem Alltag voraus: Du solltest das Laufen in dein Leben einbauen; wie du vieles andere ja auch eingebaut hast und nicht mehr missen möchtest. Halte dir Zeiten dafür frei. Das geht aber nur, wenn du wirklich willst. Aber sei ehrlich: Du nimmst dir Zeit auch für Unwichtigeres. Letztlich ist es immer nur eine Frage der Priorität.

Laufen ins Leben einbauen

Trotz aller Gewöhnung und Begeisterung für das leichte Laufen wird es vorkommen, dass du einfach nicht willst. Dann sollst und wirst du dich auch nicht zwingen. Aber du brauchst dennoch Luft und Sauerstoff. Daran ist dein Körper inzwischen gewohnt, auch wenn er sich einmal nicht so recht bewegen will; er wird schon seine Gründe haben.

Also machst du vielleicht einen Sonnengruß am offenen Fenster oder unternimmst einen kleinen Spaziergang und atmest dabei zehn Minuten durch die Nase tief ein und aus; ganz anders als es sonst bei Spaziergängen mit Flachatmung üblich ist. Du wirst erfrischt zurückkommen. Dieses Sauerstofftanken geschieht am besten vor dem Frühstück.

Gehen ist besser als Stehen

Frage an GENTLE RUNNING

„Hilfe! Ich kann nicht laufen, ich bin zu dick!?“
Verzeihung, aber das ist natürlich Unsinn

Wir sind alle genetisch auf das Laufen programmiert, unabhängig von unserem Körpergewicht. Es wäre nur gut, nicht gleich ans Abnehmen zu denken, wenn du mit dem Laufen anfängst. Und womöglich denkst du auch noch an erfolglose Diäten. So wird sich Lauflust kaum entwickeln können! Und denke bitte auch nicht daran, was dir alles weh tun könnte oder vielleicht sogar tut, weil du es herbeidenkst.

Die Fliege auf dem Klavier

Das ist dein Erfolgsrezept: Ganz klein anfangen und Mal für Mal ganz wenig drauflegen, so wenig, dass du es gar nicht merkst. Eine Fliege auf einem Klavier macht dieses nicht schwerer, ein Elefant schon.

Fang also ganz, ganz klein an – mit einer Fliege. Zähle am Anfang nur deine Schritte, nicht die Minuten. Wenn du willst, fang ruhig mit zwanzig Schritten an. Genug für heute. Was? Ja, genug. Am nächsten Lauftag noch einmal zwanzig und am dritten zehn Schritte mehr, dann immer ein paar Schritte dazulegen. So verbesserst du dich jedes Mal, ohne dass du die Lust verlierst. Du läufst einfach nicht bis zu der Schwelle, wo Unlust anfängt. So erfährst du immer wieder deine läuferische Grenzenlosigkeit, mit der du gar nicht gerechnet hast. Und das motiviert dich.

Nach einem halben Jahr ein paar Kilometer

Wenn du das ein halbes Jahr machst, viermal oder fünfmal in der Woche, dann sind ein paar Kilometer kein Problem für dich; du wirst dich eher zügeln müssen, nicht mehr zu laufen. Schließlich bist du ehrgeizig, sonst würdest du nicht laufen wollen.

Halte aber deinen Ehrgeiz lieber im Zaum, werde nicht ungeduldig, auch wenn du nach einiger Zeit meinst, du könntest schon viel mehr drauflegen, sonst riskierst du Rückschläge. Lass dich nach den stilistischen Empfehlungen von GENTLE RUNNING langsam ins Laufen hineingleiten. Nach einiger Zeit wirst du dich wundern, wie du es einmal ohne Laufen aushalten konntest.

Keine Flinte ins Korn

Wenn es beim ersten Mal nicht klappt, wenn du also den goldenen Faden wieder verlieren solltest, so ist das nicht schlimm. Fang nach einiger Zeit wieder neu an. Es gehört zum Leben, auch Misserfolge zu haben. Es kommt nur darauf an, wie du damit umgehst. In diesem Fall gilt nur eines: wieder einzusteigen. Lass dich durch den Misserfolg nicht entmutigen. Wenn du den Einstieg nicht geschafft hast, sag bitte nicht, das sei nichts für dich. Viele Läufer, eigentlich die meisten, haben das erlebt. Zweimal, dreimal oder noch häufiger sind sie eingestiegen, bis sie irgendwann durchgekommen sind. Und je langsamer, dich nicht überfordernd, aber doch das Ziel vor Augen habend du läufst, desto eher wird es dir gelingen.

Ein Ausstieg wäre nicht das Ende

Laufschuhe: Eine unendliche Geschichte

Er heißt Mike, ist achtundfünfzig, läuft jeden Tag zehn Kilometer in sein Geschäft und meistens auch wieder nach Hause. Wer? – Ein Star unter den Schuhverkäufern.

Siebenmeilenstiefel

Gibt es den idealen Laufschuh? Ja, im Märchen

Die Suche nach dem idealen Laufschuh ist so alt wie das Laufen selbst. Er wurde bis heute nicht gefunden. Wie die Siebenmeilenstiefel gibt es ihn nämlich nur im Märchen: im Marketingmärchen. Einmal, weil jeder Fuß anders ist und jeder Läufer anders läuft. Zum andern, weil es unterschiedliche Laufgelände gibt. Und zum Dritten, weil die Ansprüche, die an den idealen Laufschuh gestellt werden, kaum zu erfüllen sind. Ein Schuh kann nicht zugleich gut dämpfen, gut stützen und beim Abstoßen auch noch gut führen. Das geht in keinem Schuh.

Dämpfung korrigiert Lauffehler

Am Anfang standen Turnschuhe oder Tennisschuhe, und die Leute wären darin vielleicht gar nicht schlecht gelaufen, wenn es GENTLE RUNNING damals schon gegeben hätte. Aber sie powerten. Sie kamen auf den Fersen auf, und das tat weh. Die Schuhindustrie reagierte und lieferte gedämpfte Schuhe, also Schuhe mit einer Sohlenfederung. Diese waren zwar angenehm für Füße und Knie, aber die Läufer begannen darin „herumzuschwimmen" und liefen noch mehr auf den Fersen; sie hatten keinen ordentlichen Tritt mehr. Bei jedem Schritt knickten sie zur Seite, entweder nach innen oder nach außen.

Stützung korrigiert Dämpfung

Darauf folgte wieder Schuhtechnik: Foot bridges sollten jetzt den Fuß stützen und dem Knicken Einhalt gebieten. Dann noch stärkere Dämpfungen und noch stärkere Foot bridges. Aus den Schuhen wurden Hightechapparate. Und da stehen wir jetzt, auf gut gefederten und gut gestützten, aber dadurch leider unflexiblen Schuhen; sie lassen sich nicht mehr in alle Richtungen biegen und verhindern daher den natürlichen Bodenkontakt.

Schuhe können den Laufstil ruinieren

Demonstriert am Beispiel der Dämpfung: Stolz wird sie vom Schuhverkäufer hergezeigt, beim ersten Hinschauen eine schöne und beruhigende Sache. Es lässt sich gut damit argumentieren, und sie kostet ja auch einiges. Und das will der Käufer nutzen. Also ist beim Laufen Fersenbelastung angesagt. Dadurch geht aber der Schwerpunkt des Läufers nach hinten, sein Laufstil wird schwerfälliger – keine Rede vom leichten Laufen! Das im Schuh sichtbare Marketing hat dazu verleitet. Doch ist es schon irgendwie verdächtig, dass die Wettkampfschuhe diese Entwicklung so nicht mitgemacht haben.

GENTLE RUNNING-Demo: Die Ferse mit und ohne Schuh

Probiere das einmal selbst aus: Lauf zuerst barfuß und beobachte, wie du aufkommst. Du wirst sehen: mit wenig Druck auf der Ferse. Du kommst dort auf, wo deine natürliche Dämpfung eingebaut ist: im Längs- und im Quergewölbe deines Fußes.
Dann lauf mit den gepolsterten Schuhen und vergleiche mit vorher: Die Versuchung wird groß sein, mit den Schuhen größere Schritte zu machen und stärker auf die Ferse zu treten. Dadurch wird dein ganzes Bein und vor allem auch das Knie stärker belastet, als es diesen gut tut. Und du bleibst durch den langen Abrollweg von der Ferse bis vorn länger auf dem Fuß; so hast du besonders viel Zeit, deine Knie zu ramponieren.

Was ist „Überprosupination“?

Dämpfung, Stützung, Führung, Halle, Straße, Gelände, Damen, Herren, Mode und dreihundert verschiedene Modelle

Kein Wunder, wenn viele Läufer beim Schuhekaufen nur verwirrt sind. Da es den idealen Schuh nicht gibt, kann es nur Informationen über alle möglichen Details geben. Du kannst ein Laufbuch studieren und darin von Pronation, Überpronation, Supination, starrem und flexiblem Fuß, geradem und gekrümmtem Leisten und so weiter lesen. Oder eine Laufzeitschrift, in der am Beginn der Saison die neuen Schuhmodelle vorgestellt und getestet werden. Von jedem gängigen Erzeuger werden ein paar Modelle hergezeigt, schön beschrieben, klassifiziert und vielleicht mit Punkten bewertet. Aber was passt für dich? Du wirst nicht recht klug daraus. Folglich wirst du nach einer Zufallsentscheidung kaufen; was sollst du denn sonst tun!? Es gibt keine völlig befriedigende Antwort, nur Annäherungen.

So wirst du fündig

Suche nicht nach dem besten Schuh, suche nach dem besten Schuhverkäufer

Frag herum, frag alle möglichen Läufer, wie und wo und bei wem sie Schuhe kaufen, und irgendwann wirst du einen guten Verkäufer finden. Das kann nur einer sein, der erstens schon ein paar Berufsjahre in den Beinen hat und zweitens selbst läuft. Bevor er dir mit einem Schuh kommt, muss er beim ersten Mal dich selbst, dein Körpergewicht und deinen Fuß begutachten und dich ausfragen, wie und wo und wie viel du läufst. Er wird deinen alten Schuh anschauen wollen, damit er Rückschlüsse auf dein Laufen ziehen

kann. Und er wird kaum von Mode reden, selbst zu den Regalen gehen und dir dann zwei oder drei Paar Schuhe offerieren, mehr nicht. Im Idealfall wird er dir anbieten, den Schuh so lange zurückzunehmen, bis du wirklich das Gefühl hast: Jetzt passt er.

Nimm dir Zeit!

Keine Hektik

Nimm dir beim Schuhekaufen Zeit – und geh am Nachmittag oder am Abend ins Geschäft. Nachmittags und abends sind deine Füße nämlich größer, wie sie ja auch beim Laufen größer werden. Am besten wäre daher überhaupt, Schuhe gleich nach dem Laufen zu kaufen. Trage die Schuhe, die du in die engere Wahl gezogen hast, zehn Minuten zur Probe. Gib deinen Zehen Platz. An der Ferse soll der Fuß festen Halt und dennoch einen ganz minimalen Spielraum haben; der Rand darf nicht drücken. Passt die Weite beim Vorfuß? Prüfe auch, ob es im Schuhinneren wirklich keine Nähte gibt, die drücken könnten; zum Beispiel dort, wo die Zunge am Obermaterial angenäht ist. Nimm zum Anprobieren von zu Hause jene Socken mit, die du beim Laufen tragen willst.

Wims Tipp

Dünn die Sohle, aber biegsam

Im Zweifel nimm den Schuh, der weniger Dämpfung hat, dessen Sohle also dünner ist, und die sich außerdem möglichst in alle Richtungen biegen lässt; also einen Schuh mit einer etwas härteren und zugleich flexibleren Sohle. Ein zu weicher Schuh überfordert deine Beinmuskeln. Sie ermüden schneller und werden verletzungsanfälliger. Das spricht für den härteren Schuh.

Für die Flexibilität der Sohle spricht, dass deine Füße so am besten Kontakt zum Boden bekommen. Das fördert dein GENTLE RUNNING. Mit einem gepolsterten und steifen Brett unter den Füßen lässt sich's nicht so gut laufen.

Ein Paar ist zu wenig

Leg dir mindestens zwei Paar zu und wechsle ab. Schuhe müssen sich von der Strapaze des Laufens auch wieder erholen können. Immerhin kommt bei einem durchschnittlichen Jogging jeder Schuh ein paar tausend Mal zwischen dich und den Boden. Es tut übrigens auch deinen Beinen gut, wenn sie nicht immer im selben Schuh laufen. Sie gewöhnen sich sonst zu sehr an die individuellen Eigenheiten dieses Schuhs, was sie einseitig belastet. Kauf die zwei Paar Schuhe nicht gleichzeitig, sondern zeitversetzt. Und nach hundert bis zweihundert Ausläufen sind jedenfalls neue Schuhe fällig.

Schuhpflege

Hin und wieder sollten die Schuhe in die Waschmaschine. Gib sie in einen Stoffsack und wasche sie im Schongang bei niedriger Temperatur und mit einem sanften Waschmittel. Die Einlagen vorher herausnehmen und separat reinigen. Zum Trocknen Zeitungspapier hineinstopfen.

Orthopädische Einlagen?

Leider keine klare Antwort

Fest steht: Orthopädische Einlagen haben Vorteile und Nachteile. Sie stützen zwar das Fußgewölbe, an das sie angepasst wurden, aber sie entlasten auch Muskeln und Bänder in einer Weise, die diese auf die Dauer schwächen und Einlagen unersetzbar machen kann. Wenn du also mit Einlagen anfängst, kann es sein, dass du dabei bleiben musst.

Orthopädische Einlagen müssen genauso wie die Schuhe immer wieder erneuert werden. Sie müssen in den Schuh passen und dürfen nicht vor- oder zurückrutschen; halblange Einlagen sind daher ungeeignet. Und sie sollten aus Kunststoff sein. Mit GENTLE RUNNING wirst du kaum Einlagen brauchen.

So was! Zwei Schuhmacher haben das Jogging erfunden, aber nach dem ultimativen Schuh wird immer noch gefahndet

Ein Schuster aus Neuseeland

Das Jogging zuerst erfunden hat vor vierzig Jahren auf der anderen Seite des Globus Arthur Lydiard, später auch Mentor des jungen Wim. Er puschte in den sechziger Jahren die neuseeländischen Olympioniken mit seiner neuen Methode des langsamen, aber langen Dauerlaufes an die Weltspitze; vor seiner Zeit waren die Leistungsläufer im Training vor allem schnell und in Intervallen gelaufen. Aber Lydiards historische Leistung ist, dass er auch die neusee-

Zweiter von links: Arthur Lydiard; Zweiter von rechts: Wim mit siebzehn

ländischen Normalbürger dazu brachte, für ihre Gesundheit regelmäßig ein paar Kilometer durch ihren schönen grünen Inselstaat zu laufen. Kein Mensch hatte das zuvor getan, weder in Neuseeland noch sonst wo in der entwickelten Welt. Das Jogging als Massenbewegung war geboren.

Und einer aus Amerika

Vielleicht wäre das alles über das ferne Neuseeland nicht hinausgekommen, wenn nicht vor dreißig Jahren Bill Bowerman vom unbekannten, kleinen Sportschuherzeuger Nike nach Neuseeland gefahren wäre, um die Schuhe von Lydiards olympischen Wunderläufern zu studieren. Dabei sah Bill erstaunt die vielen laufenden Menschen; das war noch nicht bis zu ihm gedrungen. Er nahm die Idee vom Volkslaufen mit nach Amerika, wo er sie mit Erfolg propagierte, und nach ein paar weiteren Jahren kam sie dann auch zu uns nach Europa.
Bowerman hat dieser Art zu laufen auch den Namen gegeben: Jogging, von „to jog“, was so viel bedeutet wie „dahintrotten“. Darin steckt etwas Schaukelndes, Wiegendes, fast Schlampiges. Und das ist gut so, weil eben gutes Laufen so ist.

Barfuß in den Schuhen

Wims Tipp

Probiere einmal, ohne Socken zu laufen. Dadurch bekommst du einen besseren Kontakt zum Boden. Ich mache das immer wieder, und es ist ein angenehmes Laufgefühl. Aus Gründen, die mir nicht klar sind, scheint das manchen Schuhverkäufern nicht zu gefallen. Vor kurzem, in einem meiner Seminare, sagte mir eine junge Frau, als sie mich ohne Socken laufen sah, sie hätte das auch immer sehr gern gemacht, aber ihr Profiverkäufer, bei dem sie vor dem Kurs ihre funkelnagelneuen Schuhe samt Socken gekauft hat, habe ihr davor dringend abgeraten.
Das ist natürlich Unsinn. Jeder soll doch laufen, wie er will. Das sagte ich auch der jungen Frau. Sie zog die Socken sofort aus und war glücklich, wieder „ohne“ laufen zu dürfen.

„Unten ohne". Die Barfußbewegung

Pretty woman Julia Roberts tut es. Cindy Crawford tut es. Zigtausende tun es. Zuerst wie immer in Amerika, zunehmend auch bei uns: barfuß gehen. Viele nur just for fun auf dem Waldweg oder im Stadtpark. Manche, wo immer es irgendwie geht: zu Hause sowieso, aber auch beim Einkaufen, in der U-Bahn, am Arbeitsplatz, in der Uni, im Museum, beim „Italiener" oder wie Hans-Peter, ein Steuerberater, zum Finanzamt. Manche, die zwar den Willen, aber noch nicht den Mut haben, sich so auszustellen, trainieren ihre Zivilcourage erst einmal in der Anonymität des Nachbarortes. So machen sie sich fit für das Barfuß-Outing in der eigenen Umwelt.

Aber ein Tabubruch ist es ohnehin kaum mehr, freuen sich die Barfüßler in ihren inzwischen zahlreichen Internetforen in deutschsprachigen Landen bis hinüber zur groß aufgezogenen Dirty Soles Society in Amerika. „Die meisten Leute bemerken gar nicht, dass du keine Schuhe anhast", erzählt einer, „und wenn doch, erntest du eher Anerkennung." Barfußlaufen gilt inzwischen als ultra-trendy und zugleich luxuriös. Wer so durch die Welt geht, kann es sich leisten; weil er berühmt oder reich ist, und sei es nur reich an innerer und äußerer Freiheit.

Auf den Homepages werden die verschiedensten Vorteile des Barfußgehens angepriesen. Gesundheitliche, wie auch schon von Pfarrer Kneipp vor bald zweihundert Jahren: gute Durchblutung des ganzen Körpers; natürliche Bewegung mit vielen Plus für Füße, Beine und Rücken; Entspannung und Stressabbau. Mentale Vorteile: Man muss sich was trauen, zumindest empfindet man es am Anfang so, und das stärkt das Selbstwertgefühl. Ästhetische Vorteile: Die Füße werden wieder schöner, man braucht sie nicht mehr im Schuhwerk zu verstecken. „Schmutz lässt sich abwaschen", werden Zweifler ermuntert, „Schäden durch einengendes Schuhwerk nicht." Aber auch ideelle Vorteile: Der barfüßige Mensch hat Hautkontakt zu Mutter Erde, und er tritt nur dort auf, wo er etwas sieht; so schont er Pflanzen und Kleingetier.

Natürlich gibt es auch Ratschläge für Anfänger: klein anfangen auf angenehmem Boden; zu Hause Noppensandalen tragen; in wenigen Wochen werde sich eine schützende Hornhaut gebildet haben; die Füße einschmieren; bei Dunkelheit im Freien doch Schuhe tragen.

Beinahe alles können die begeisterten Barfüßler ohne Schuhe machen. Manche laufen auch. Auf fast jeder Unterlage, vom Waldboden bis zum Asphalt, obwohl da die Meinungen auseinander gehen. Schotter und kleine spitze Steinchen sind bei vielen weniger beliebt, andere wieder sind nach einiger Zeit auch damit fertig geworden und laufen jetzt stundenlang ohne Schuhe. Wie Abebe Bikila schon vor vierzig

Jahren: Barfuß hat er den olympischen Marathon in Rom gewonnen.
Die neue Barfußbewegung, sie ist im Aufwind. Ihr Schlachtruf – „Gebt den Füßen ihre Freiheit wieder!“ – wird auch in unseren Breiten bereits laut vernommen.

Laufschmerzen: Was tun?

Schmerzen sind ein Signal deines Körpers, etwas zu ändern. Aber was? Am besten anders laufen

Drei Möglichkeiten: Eine schlechte, eine gute und eine bessere

Ignorieren

Ein gängiger Rat lautet: Lauf einfach weiter und halte den Schmerz aus. Der Mensch sei eine Adaptionsmaschine, die damit fertig werde.

Kann schon sein, dass das manchmal funktioniert, aber sicher nicht auf Dauer. Schmerz ist nämlich ein Warnsignal des Körpers. Wird dieses nicht beachtet, bleibt das Problem nicht nur bestehen, es kann sich sogar vergrößern. Und der Schmerz wird wiederkommen; vielleicht an einer anderen Stelle und möglicherweise stärker.

Zum Arzt gehen

Oder zum Physiotherapeuten. Diese Reaktion ist sozusagen das Gegenteil von Ignorieren: das Abgeben von Verantwortung. Bei einer akuten Verletzung kann das der einzig sinnvolle Weg sein. Geht es aber nur um einen Laufschmerz, ist die Antwort nicht so klar: Versteht der Arzt wenig vom Laufen, wird er dir wohl ein Medikament verschreiben und dir vielleicht raten, mit dem Laufen aufzuhören. Er meint es gut, und was soll er denn sonst tun? Handelt es sich um einen Laufexperten, so kann das zu einer komplizierteren Behandlung führen. In jedem Fall aber ist es möglich, dass die wahrscheinliche Ursache deines Schmerzes nicht aufgedeckt wird: dein Laufstil.

Etwas ändern

Du respektierst den Schmerz und gehst auf ihn ein. Du bist genetisch ein Lauftier. Du hast den Schmerz nicht, weil du läufst, sondern weil etwas falsch läuft, du beim Laufen also etwas falsch machst. Es ist wie beim Essen: Wenn du Verdauungsprobleme hast, wirst du bei deiner Ernährung etwas ändern müssen. Du wirst aber das Essen deswegen nicht einstellen. Die Frage ist nur, was zu ändern ist. Feldenkrais und Lydiard würden sagen: ausprobieren! Mit oder ohne Hilfe von außen.

Ursachen suchen und beseitigen

Veränderungen

Suche die Ursache deines Schmerzes durch Veränderungen beim Laufen und versuche, nicht in deinen Schmerz hineinzulaufen, sondern weit vor dieser Schwelle aufzuhören. Wenn du ein bisschen Glück hast, geht der Schmerz bald zurück, und du weißt, du hast die Ursache gefunden. Aber selbst wenn der Schmerz noch da ist, aber nicht weiter zunimmt, ist das schon ein gutes Zeichen dafür, dass du auf dem richtigen Weg bist.

Was kannst du beim Laufen ändern?

Du kannst langsamer laufen

Das ist die erste und wichtigste Maßnahme, weil du dadurch die Belastung reduzierst.

Du kannst kürzer laufen

Wenn es sein muss, sogar viel kürzer. Begnüge dich mit zehn Minuten, ja vielleicht sogar nur mit fünf. Lege dazwischen auch Gehpausen ein.

Du kannst andere Schuhe wählen

Es ist gut möglich, dass die Schuhe deinen Schmerz verursachen, auch wenn dieser sich im Knie meldet. Tausche die Schuhe aus.

Du kannst andere Strecken und Tageszeiten wählen

Wechsle deine Laufrouten, wechsle die Unterlagen, probiere Aufwärts- und Abwärtslaufen aus. Und wähle andere Tageszeiten.

Und natürlich deinen Laufstil ändern

Lauf lässiger, gemütlicher – vielleicht hast du zu viel Druck gemacht. Befasse dich genauer mit GENTLE RUNNING, nicht nur im Kopf, sondern auch beim Laufen. Perfektioniere die Details, das hilft oft. Und vielleicht kannst du ein Laufseminar besuchen. Niemand käme auf die Idee, Schi zu fahren, Tennis oder Golf zu spielen, ohne es gelernt zu haben. Gutes Laufen will auch gelernt und eingeübt sein.

Und wenn das alles nicht hilft?

Wenn die Schmerzen bleiben

Ja, dann wird irgendwann der Arzt die beste Adresse sein. Aber auch nicht irgendein Arzt, sondern ein Spezialist, vielleicht ein Sportmediziner. Und ideal wäre einer, der selbst läuft. Wenn er dir jetzt eine Laufpause verordnet, wirst du das wohl annehmen müssen. Versuche in dieser Zeit etwas anderes zu machen, zum Beispiel jeden Morgen den Sonnengruß. Und bedenke: Natürlich beseitigst du die Ursache deines Schmerzes auch, wenn du mit dem Laufen ganz aufhörst; dann aber handelst du dir alle körperlichen und mentalen Nachteile eines bewegungslosen Lebens ein. Gibst du jedoch nicht auf, wirst du das Problem lösen.

GENTLE RUNNING
EXTRA

Rudis Walkshow

Health Walking, Fitness Walking, Body Walking, Mind Walking, Power Walking: Modewörter spreizen ihre Federn. Aber was verbirgt sich dahinter? Zwanzig Jahre nach dem Jogging ist eine weitere Ausdauerbewegung aus Amerika zu uns gekommen: das Walking, eine Ergänzung zum Laufen.
Walking hat etwas mit Gehen zu tun. Es ist aber nicht nur schnelles Gehen, sondern eine Art kraftvolles Ganzkörpergehen. Was beim Laufen das Becken, leistet beim

Walking der Oberkörper: Er ist gestreckt, damit gute Nasenatmung möglich ist, und die abgewinkelten Arme schwingen mit Kraft weit vor und zurück und treiben die Beine wie Pleuelstangen an. Das gibt dem Walking eine betont gleichmäßige Rhythmik. Die Füße werden auf den Fersen aufgesetzt, nach vorn abgerollt und dann vom Boden weggedrückt. Und die Schritte sollten immer gleich lang sein, Tempo wird über die Schrittfrequenz gemacht. Walking verlangt daher gute Wege. Unübersichtliche Trails sind dazu weniger geeignet, weil ein gleichmäßiger Rhythmus auf diesen nicht möglich ist.

Eine besondere Form des Walking kommt aus Skandinavien: Nordic Walking. Das ist Walking mit Stöcken; wie Schistöcke, aber mit speziellen Handschlaufen. Diese sind der Bewegung besser angepasst, die Handgelenke fühlen sich in ihnen wohler. Die Idee dahinter: Durch die Stockarbeit wird der Oberkörper noch mehr eingesetzt.

Die Bewegung ist beim Walking anders als bei GENTLE RUNNING: Es wird kaum gerollt, viel eher marschiert. Die Kraft kommt weniger aus dem Becken, sondern mehr aus den Beinen und vor allem auch aus den Armen und Schultern. Der Schwerpunkt liegt hinten, bei jedem Schritt wird abgebremst und wieder beschleunigt. Die Gesamtbewegung ist also unökonomisch angelegt: Kreislauftraining durch Energieverschwendung.

Ich laufe gern, aber manchmal „walke" ich auch. Vor und nach dem Laufen oder, um den Körper anders zu belasten, auch einmal eine ganze Strecke. Und ich kann ganz im Sinne dieses Buches nur sagen: ausprobieren!

Walking ist leicht zu lernen, es bewegt den Kreislauf, und die Ausrüstung ist die Gleiche wie beim Laufen. Es eignet sich ganz besonders für Leute, die sich mit dem Laufen nicht anfreunden können – rasche Anfangserfolge sind garantiert. Und es eignet sich für Läufer als Abwechslung, oder wenn ihnen etwas weh tut vom Laufen. Walking wird immer Walking bleiben und nicht zum geschmeidigen Laufen werden, doch lassen sich die Bewegungen „feldenkraisiger" machen, als bislang zu beobachten ist: Madonna Walking?

„Mens sana in corpore sano“

Mit einem Zitat des römischen Dichters Juvenal schließen wir den Kreis. Man solle die Götter nicht um alles bitten, meinte er mit diesen oft falsch übersetzten Worten, nur um körperliche Gesundheit und eine gute geistige Verfassung; dann ginge es einem am besten. So gesehen ist GENTLE RUNNING ein Werkzeug der Götter.

Geist und Seele beeinflussen deinen Körper

Der Mensch ist keine Maschine. Es ist aber noch nicht lange her, da herrschte die Vorstellung, der Körper brauche Treibstoff, ein wenig Pflege und gelegentlich eine Reparatur, dann laufe er schon. Inzwischen ist klar geworden, dass dieses Bild zu einfach war. Wie es einem Menschen körperlich geht, hängt auch von seinem inneren Befinden ab. Ist dieses gut, strahlt dies auch auf den Körper, ja sogar auf die Gesundheit aus. Wenn nicht, können sich psychosomatische Beschwerden, bis hin zu Krankheiten, einstellen. Dieses Wissen ist heute Allgemeingut.

Doch der Körper beeinflusst auch deine geistig-seelische Verfassung

Von Feldenkrais können wir lernen, dass diese Verbindung auch umgekehrt wirkt: vom Körper zur Seele. „Bewusstheit durch Bewegung“, so nennt er das wissenschaftlich. Wer sich körperlich öffnet und aufrichtet und durchatmet, der richtet sich auch innerlich auf: Psychosomatik in die Gegenrichtung. Und genau hier setzt GENTLE RUNNING an. Es macht dich groß und durchflutet dich mit Sauerstoff. Und es hebt so deine Stimmung. Aber das funktioniert nicht mit Tricks oder mit So-tun-als-ob, und schon gar nicht geht es mit Druck, sondern nur durch sensible Veränderung körperlicher Gewohnheiten Laufschritt für Laufschritt. Dann wird es dir rundum besser gehen.

Und Feldenkrais persönlich

„Viele Menschen wissen, was sie nicht wollen. Aber nur manche wissen, was sie wollen, doch die wenigsten, wie sie das erreichen könnten. Diese Verwirrung kann von ‚Bewusstheit' (engl. ‚awareness') beseitigt werden. Durch sie kann man erkennen, *was* man will und *wie* man zu dem kommt; sie setzt schöpferische Kräfte frei."

GENTLE RUNNING ist ein Weg dorthin.

Rudolf „Rudi“ Nagiller

58 Jahre alt, Österreicher, promovierter Wirtschaftswissenschaftler, Journalist mit jahrzehntelanger Radio- und Fernseherfahrung im ORF, wobei er sich vor allem als Interviewer einen Namen gemacht hat und mit Preisen ausgezeichnet wurde. Zuletzt war er Informationsintendant des ORF; seit einiger Zeit ist er auch als Printjournalist tätig. Er hat GENTLE RUNNING geschrieben.
Als Läufer ist Rudolf Nagiller ein Spätberufener. Seit über fünf Jahren läuft er regelmäßig, also vier- bis fünfmal in der Woche mehr als eine Stunde; nicht nur daheim, sondern überall, wo er in der Welt gerade unterwegs ist.

Wim Luijpers & Rudolf Nagiller

Die beiden ergänzen einander sehr gut. Sie gehören zwei verschiedenen Generationen an, kommen aus zwei verschiedenen Kulturkreisen, üben zwei verschiedene Berufe aus, und sie haben in ganz verschiedenen Lebensaltern aus ebenso verschiedenen Motiven zum Laufen gefunden. Was sie vereint, ist die Liebe zum Laufen, die gleiche Auffassung vom Laufen, eine daraus entstandene Freundschaft und die gemeinsame Arbeit an diesem Buch.

Bildnachweis

Bongarts/Mark-Sandten
Seite 28
DigitalVision
Seite 80
EyeWire
Seite 117
imageDJ
Seite 10, 23, 104
Image Source AG
Seite 38, 56, 121
J. P. Fankhauser, Hintertux
Titelfoto und Umschlagrückseite, sowie Seite 15, 63, 66, 85, 94, 98, 128
PhotoDisc®
Seite 34, 118
Polar Photo Bank
Seite 4, 21, 150
Rowohlt/P. Beier
Seite 24, 100, 136, 146, 152
Rudolf & Brigitte Nagiller
Umschlagrückseite, Seite 12, 18, 19, 36, 40, 41, 42, 43, 44, 48, 54, 59, 68, 72, 73, 159 (Rudi)
Wim & Moana Luijpers, St. Martin/Wart
Umschlagrückseite, Seite 51, 74, 86, 89, 90, 91, 106, 110, 124, 139, 142, 145, 158 (Wim)

Internet: www.np-buch.at
www.wim-running.com

E-Mail: verlag@np-buch.at
office@wim-running.com
rudolf.nagiller@orf.at